Otto Hermann Pesch

# Warum hast du so große Ohren?

Otto Hermann Pesch

# Warum hast du so große Ohren?

## Rotkäppchen –
"theologisch" zu Gehör gebracht

Herder

Freiburg · Basel · Wien

Umschlaggestaltung: Finken & Bumiller, Stuttgart
Umschlagmotiv: „Meine wunderbare Märchenwelt" –
Die 20 schönsten Märchen der Brüder Grimm,
illustriert von Barbara Bedrisch-Bos,
Freiburg i. Br., 7. Aufl. 1997

3., erweiterte Auflage

© Verlag Herder im Breisgau 1998
Satz: Fotosetzerei G. Scheydecker, Freiburg i. Br.
Druck und Einband: Freiburger Graphische Betriebe 1998
ISBN 3-451-26386-6

*Meinen Geschwistern
Marianne, Winfried
und ihren „Häusern",
meinem Bruder Albert
zum Gedenken,
in der Hoffnung
auf mehr Humor in der Kirche*

# Inhalt

# Es war einmal eine
## theologische Fakultät

Es war einmal eine theologische Fakultät. Katholisch? Evangelisch? Es ist nicht wichtig. Niemand muß es wissen. Auch daß sie später feierlich „Fachbereich Theologie" hieß, können die Menschen vergessen. Sie war und blieb doch eine rechtschaffene „Fakultät". Denn die Namen verändern nicht die Dinge und die Menschen, vielmehr verändern die Dinge und die Menschen die Namen, wenn es Anlaß dazu gibt. Und den gab es nicht. So laßt uns weiter einfach „Fakultät" sagen, wie es die Wahrheit gebietet.

An dieser theologischen Fakultät lebten und arbeiteten die Frauen und Männer einträchtig zusammen, die Professoren, die Dozenten – Professorinnen und Dozentinnen hatte die Fakultät lange Zeit keine, was alle sehr beklagten, was sich aber gottlob geändert hat –, die Assistentinnen und Assistenten, die wissenschaftlichen Mitarbeiterinnen und Mitarbeiter, die Studentinnen und Studenten, die Bibliothekarinnen, die Verwaltungsfrauen und Sekretärinnen – Verwaltungs-*männer* hatte die Fakultät nur wenige und *Sekre-*

*täre* gar nicht, was fast niemand beklagte. Manchmal stritten sie auch heftig miteinander, die Professoren und Dozenten untereinander und mit den Assistentinnen und Assistenten oder mit den Studierenden, die Assistentinnen und Assistenten untereinander, die Sekretärinnen mit den Verwaltungsfrauen und den Professoren, aber nur selten untereinander, die Studentinnen mit den Studenten und beide untereinander und mit allen anderen, die Verwaltungsfrauen und Sekretärinnen ausgenommen. Sie stritten über ihre Wissenschaft und über die Universitätspolitik, über die Verhältnisse im allgemeinen und über die Ungerechtigkeit in der Welt im besonderen – und ebenfalls im allgemeinen. Aber nach jedem Streit kehrte auch wieder Friede ein. Ja, es konnte geschehen, daß man am Nachmittag gegeneinander in heftigen Worten stritt und am Abend ein Fest miteinander feierte. In der eigenen Universität und bei den anderen theologischen Fakultäten im Lande war die Fakultät deshalb hoch angesehen.

Nur eines war ungut an dieser Fakultät – übrigens an vielen anderen Fakultäten auch: Die unvermeidlichen Sitzungen der Gremien und Räte, die das Hochschulgesetz vorschrieb, dauerten immer unendlich lange. Das lag daran, daß immer demokratisch entschieden wurde und darum alle ungehindert zu Wort kommen mußten, bevor man zur Abstimmung schritt. Es ist ja bekannt: Autoritäre Entscheidungen sparen Zeit, Demokratie dauert länger. Aber manchen packte dabei die Ungeduld – vor allem, wenn eigentlich alle Gründe und Gegengründe gesagt waren, die Diskussion aber immer noch weiterging.

Unter den besonders Ungeduldigen gab es einen Professor, den die langen Sitzungen fürchterlich peinigten. Wie gern wäre er statt dessen an seinem Schreibtisch gesessen, vor einem theologischen Buch oder bei einem Manuskript! Aber pflichtschuldig und gewissenhaft nahm er an den Sitzungen teil. Und überlegte, wie er die dort verbrachte Zeit nutzbringender verwenden könne. Zuerst versuchte er es mit Lesen – aber er konnte sich nicht konzentrieren. Dann probierte er, Briefe zu schreiben – aber die meisten Briefe mußte er mit Schreibmaschine schreiben, und das war in der Sitzung unmöglich.

Da hörte er von einem Kollegen, der aus ähnlichen Gründen in den Sitzungen Geschichten schrieb. Das erforderte nicht viel Konzentration, nur „Abschalten" – und das fiel bei den langweiligen Sitzungen nicht schwer. Zur gleichen Zeit kam dem Theologieprofessor mehrfach – zum Beispiel bei Konferenzen abends beim Wein – eine Neufassung des bekannten Märchens vom Rotkäppchen in der unnachahmlich schönen Sprache einer deutschen Amtsstube zu Ohren. Es gelang ihm mit einiger Mühe, sich den Text zu besorgen. Sie kennen ihn nicht? Also, das klingt zum Beispiel so:

„Im Kinderanteil unserer Stadtgemeinde ist eine
hierorts wohnhafte, noch unbeschulte Minder-
jährige aktenkundig, welche durch ihre unübliche
Kopfbekleidung gewohnheitsrechtlich Rotkäppchen genannt worden ist ... Dieselbe machte sich
infolge Nichtbeachtens dieser Vorschrift [der Mut-
ter] straffällig und begegnete beim Übertreten des
amtlichen Blumenpflückverbotes einem polizei-
lich nicht gemeldeten Wolf ohne festen Wohnsitz.
Dieser verlangte in gesetzwidriger Amtsanmaßung
Einsichtnahme in das zu Transportzwecken von
Konsumgütern dienende Korbbehältnis ... Da
wolfseits Verknappungen auf dem Ernährungs-
sektor vorherrschend waren, faßte er den Ent-
schluß, bei der Großmutter der R. unter Vorlage
falscher Papiere vorsprachig zu werden ... Der
sich auf einem Dienstgang befindliche und im
Forstwesen zuständige Waldbeamte B. vernahm
Schnarchgeräusche und stellte deren Urheber-
schaft seitens des Tiermaules fest ... Durch die
unverhoffte Wiederbelebung bemächtigte sich bei-
der Personen ein gesteigertes, amtlich nicht zuläs-
siges Lebensgefühl, dem sie durch groben Unfug,
öffentliches Ärgernis erregenden Lärm und Nicht-
beachtung anderer Polizeiverordnungen Ausdruck
verliehen, was ihre Haftpflichtigmachung zur
Folge hatte. Der Vorfall wurde von den kultur-
schaffenden Gebrüdern Grimm zu Protokoll genommen und stark bekinderten Familien in Mär-
chenform zustellig gemacht ...“

Und so weiter. Merkwürdigerweise verriet der Text – die Kopie eines Schreibmaschinenmanuskriptes – nicht den Namen seines Verfassers. Angeblich habe ein Kollege von der Jurisprudenz sich ihn ausgedacht. Erst viel später erfuhr der Professor, daß er von Thaddäus Troll stammt.[1] Doch wie dem auch sei, der Geschichten schreibende Kollege und das „amtsdeutsche" Rotkäppchen beflügelten die Phantasie des Theologieprofessors. Wie würde sich die Geschichte von Rotkäppchen wohl anhören, wenn er sie in der Sprache *seines* Faches, der systematischen Theologie, aufschriebe? Er versuchte es ohne Scheu – und so erlebte er eine der schönsten Fachbereichsratssitzungen seines Professorenlebens.

Aber *durfte* er denn keine Scheu dabei haben? War es schicklich, seinen Spaß zu treiben mit Worten und Begriffen, in denen sonst die heiligsten Dinge ausgedrückt werden: Gott, Jesus Christus, der Heilige Geist, das Evangelium, die Gnade Gottes, das ewige Leben und noch viele andere heilige Dinge? Beging der Professor nicht eine Sünde gegen das zweite Gebot, bei dem die katholischen Schulkinder früher einmal im Beichtspiegel gefragt wurden: „Habe ich heilige Namen unehrerbietig ausgesprochen?"

---

[1] Siehe das *Nachwort* unten S. 141.

13

Aber der Professor konnte sich selbst zwei gute Gegengründe vorhalten. Erstens stammte er aus Köln, und ein Kölner nimmt bekanntlich nichts ganz ernst außer dem lieben Gott selbst. Wie sollte er da die Theologie ganz ernst nehmen, die doch nicht von Gott selbst, sondern von Menschen gemacht wird? Und zweitens war er tief durchdrungen von der Wahrheit, die der Apostel Paulus ausspricht: „Stückwerk ist unser Erkennen, Stückwerk unsere Prophetenrede. (Erst) wenn aber die Vollendung kommt, wird das Stückwerk zunichte werden ... Jetzt sehen wir noch (wie) durch einen Spiegel auf ein Rätselbild, dann aber von Angesicht zu Angesicht" (1 Kor 13,9f. 12). Immer, wenn er diese Sätze der Heiligen Schrift las, dachte er bei sich: Wir Theologen – ja, vor allem die Männer-Theologen! – sind in der ständigen Gefahr, zu vergessen, wie vorläufig und vergänglich all unsere Arbeit ist. Obwohl wir durch das Studium der Theologiegeschichte eigentlich klug geworden sein müßten, erliegen wir immer wieder der Versuchung, unsere kleinen Gedanken oder auch großen Begriffsgebäude für den Niederschlag der Gedanken Gottes selbst zu halten, und zwar um so mehr, je eifriger und leidenschaftlicher wir uns der theologischen Aufgabe hingeben. Welche Medizin kann man gegen diese chronische Theologenkrankheit aufbieten?

Wenn das Studium der Theologiegeschichte nicht kräftig genug ist, wenn der Anblick all der theolo-

gischen Theorien, die schon auf dem Abfallhau-
fen der Geschichte gelandet sind, nicht genügend
Eindruck macht, sollte man es dann nicht einmal
mit etwas Spott versuchen – liebenswürdigem
Spott natürlich? So mußte das arme Rotkäppchen
dazu herhalten, die Theologie zu verspotten, oder,
wie man in der kölnischen Heimat des Professors
zu sagen pflegt: die Theologie zu „veräppeln".
Warum gerade Rotkäppchen? Könnte man denn
die „Theologieveräppelung" nicht auch mit dem
Märchen von Schneewittchen oder mit dem von
dem Wolf und den sieben Geißlein oder mit dem
vom Froschkönig versuchen? Natürlich könnte
man. Vermutlich hat der Professor, beflügelt vom
Vorbild des „amtlichen" Textes, gar nicht weiter
nachgedacht und ist einfach bei Rotkäppchen geblieben. Zudem eignet sich dieses Märchen auch
deshalb besonders, weil es – bis auf den Schluß –
eine so alltägliche Geschichte ist, wo die anderen
Märchen von Anfang an voller Wunder sind. Aber
vielleicht versucht jemand anders ja einmal dasselbe mit „Schneewittchen" …

Hier könnte das Märchen von der Theologischen
Fakultät und dem Theologieprofessor enden.
Denn eines Tages erließ die Regierung ein neues
Hochschulgesetz, in dessen Gefolge die Gremien
der Fakultät stark verkleinert wurden. Dadurch
gab es naturgemäß weniger zahlreiche Wortmel-
dungen in den Sitzungen. Von heute auf morgen

15

dauerten diese nun nicht mehr 6–8 Stunden, sondern in der Regel nur noch 2–3 Stunden. Nun
mußten alle wieder konzentriert zuhören – es
blieb keine Zeit mehr fürs Geschichtenschreiben.
Aber das Märchen geht noch weiter. Auf irgend-
welchen Wegen hatten die Studierenden erfahren,
daß da eine Geschichte „Rotkäppchen – theologisch" existierte. Zu jener Zeit veranstaltete die
Fakultät am Ende der Einführungswochen für die
Studienanfänger stets eine zusammenfassende
Blockveranstaltung übers Wochenende. Die
schloß natürlich mit einem Fest ab – was denn
sonst! Und damit die Studienanfängerinnen und
Studienanfänger zum Abschluß ihrer Einstim-
mung in das Theologiestudium auch einen rechten Begriff von der Theologie mit nach Hause und
ins Studium nähmen, baten die Veranstalterinnen
und Veranstalter des Wochenendes den Professor,
beim Fest sein „Rotkäppchen – theologisch" vor-
zutragen. Das gefiel allen, und sie quittierten es
mit wieherndem Gelächter – obwohl doch die Studienanfänger kaum einen der eingebauten Fach-
begriffe schon verstehen konnten. Im Jahr darauf
baten die Veranstalter des Einführungs-
wochenendes den Professor wieder zur „Märchen-
stunde". Und damit er sich nicht wiederhole,
machte er eine neue Rotkäppchengeschichte –
diesmal aus gegebenem Anlaß „Rotkäppchen –
propädeutisch-theologisch". Und so im Jahr darauf wiederum – diesmal „Rotkäppchen – kirchen-

geschichtlich", denn die Kirchengeschichte war das Fach, dem der Professor neben seinem eigenen Fach am nächsten stand.

Inzwischen hatten Studentinnen und Studenten jener Fakultät eine studentische Fakultätszeitung gegründet. Sie fragten den nun schon notorischen Märchenerzähler, ob sie die Rotkäppchen-Variationen abdrucken dürften. Der Märchenerzähler konnte schwerlich nein sagen – aber nun war er gefangen. Folge für Folge mußte er über mehrere Semester immer neue Variationen über Rotkäppchen sich ausdenken – in der Sprache aller theologischen Fächer, bis zum „Epilog im Himmel". Ei, wie froh war er, als das endlich geschafft war! Er machte die Erfahrung, daß es manchmal leichter ist, einen wissenschaftlichen Aufsatz zu schreiben als eine Geschichte. Und er lernte auch, daß man ein theologisches Fach erst beherrscht, wenn man mit dessen „Fach-Jargon" auch sein Spiel treiben kann – zur heilsamen „Theologieverspottung". Dabei konnte und mußte er der Versuchung nicht widerstehen, auch seine lieben Kollegen, mit denen er sich reihum gut versteht, ein wenig zu „veräppeln".

Hier nun wäre das Märchen von der Theologischen Fakultät und dem Theologieprofessor wirklich zu Ende, wenn da nicht eines Tages ein Mann gekommen wäre, der in einem großen und berühmten deutschen Verlag eine einflußreiche

Stellung bekleidet. Der hatte mit dem Professor schon früher gut zusammengearbeitet, und so erklärt es sich, daß auch er Kunde von den „theologischen" Rotkäppchen-Geschichten bekam. Er erbat sich die Manuskripte, fand sein Vergnügen an ihnen, zeigte sie anderen Kollegen im Verlag – und schlug vor, die Geschichten als Buch zu veröffentlichen. Der Professor freute sich und stimmte dem Vorschlag zu. Aber er wollte die Geschichten unter einem Pseudonym veröffentlichen, unter dem man freilich bald den richtigen Namen erraten hätte – so wie auch bei den Namen der Kollegen, die er in den Geschichten nennt. Die Leute vom Verlag aber fanden das etwas feige. Außerdem dachten sie wohl nicht zu Unrecht, es sei für das Buch und für die Sache doch wohl ganz nützlich, wenn Leserinnen und Leser gleich wüßten, welcher Spötter da sein eigenes Fach „veräppelt". Der aber dachte bei sich: In wenigen Jahren ist mein Dienst ohnehin zu Ende, meiner Zukunft kann es also nicht mehr viel schaden – warum also nicht?

So kommt es, daß der Geschichtenerzähler seinen eigenen Namen preisgibt, seine Kollegen aber nur mit verschlüsselten Namen benennt – ein Ratespiel für Neugierige, und nicht einmal ein schwieriges.

Damit ist das Märchen von der Theologischen
Fakultät wirklich zu Ende gekommen – und Sie,
liebe Leserin, lieber Leser, halten das Ergebnis in
der Hand – übrigens mit zwei weiteren, für diese
Neuausgabe eigens geschriebenen Geschichten.
Und wenn die Menschen an jener Fakultät nicht
gestorben sind, leben sie heute noch. Sie leben in
der Tat heute noch – fröhlich, streitlustig und
friedlich wie eh und je. Wenn sie aber einmal gestorben sind, dann wird dieses Buch auch unter
dem Staub einer Bibliothek noch Kunde davon
geben:

Es war einmal eine Theologische Fakultät, an der
sollte das arme, kleine Rotkäppchen noch zu theologischen Ehren kommen …

# Rotkäppchen –
# systematisch-theologisch

Es existierte einmal ein junges Individuum von
jener Art Geschöpfe, die in Gen 1,27c als alterna-
tive Spielart der am sechsten Schöpfungstage er-
schaffenen Kreatur namens ‚Adam' hervorgehoben
wird. Da das Geschöpf gewöhnlich eine rote
Mütze trug – ein Geschenk seiner Großmutter –,
stand signifikationshermeneutisch nichts im
Wege, es als „Rotkäppchen" zu bezeichnen.

Rotkäppchen „ek-sistierte" also, das heißt: Im Unterschied zu allem bloß Vorhandenem entwarf es
je und je neu sein Dasein in die Zukunft hinein.
Als der Kairos gekommen war, sandten seine Eltern unter Berufung auf das (nach lutherischer
und katholischer Zählung) vierte Gebot das Rotkäppchen aus mit dem Sendungsauftrag, der
Großmutter den Dienst der Nächstenliebe zu leisten und sie im Licht von Mt 25, 31–46 zu speisen
und zu tränken. Dazu hatte Rotkäppchen den Weg
zu nehmen durch eine Ansammlung jener Krea-
turen des dritten Schöpfungstages, die, wenn besonders dicht beisammenstehend, in der schlich-
ten Sprache unserer Gemeinden „Wald" genannt
werden. Die Eltern „stellten" Rotkäppchen daher

„unter das Wort" und sagten: „Heilsgeschichtlich gibt es nur *einen* Weg zur Großmutter. Weichst du von ihm ab, so sind Unheil, Tod und Gottesfinsternis dein Anteil!"

Rotkäppchen ließ sich existentiell vom Kerygma treffen und entschied sich zu seiner Eigentlichkeit, indem es ohne Anknüpfungspunkt, in reinem Hören, dem Wort der Eltern anhangte. Es nahm die *signa efficacia* (wirksamen Zeichen) der Nächstenliebe, integrierte sie in einen Korb und machte sich in präsentisch-eschatologischer Zuversicht auf den Weg.

Die Anfechtungserfahrungen konnten allerdings nicht ausbleiben. Rotkäppchens existentielle Identität geriet in immer größere Bedrohung, die allen Anlaß zur Reflexion auf die menschliche Grundbefindlichkeit der „Sorge" gab. Sie erreichte ihren Höhepunkt, als jenes Tier auftauchte, das bekanntlich, wie ich aus der Exegese voraussetzen kann, den Namen „Wolf" trägt. Er befragte das Rotkäppchen nach dem weltimmanenten *finis ultimus* (Endziel) seines Weges – und Rotkäppchen gab eine praktisch-theologische Analyse seiner Intentionen. Der Wolf, von diesen Auskünften unmittelbar existentiell angesprochen, zog seine zweckrationalen Schlüsse und entwarf seinen Plan. Er veranlaßte das Rotkäppchen zu einem systematischen Exkurs in die Blumen und begrün-

dete dessen Notwendigkeit mit der Plausibilitäts-
struktur einer dadurch erreichbaren optimalen
systematischen Konstruktion des Besuchspro-
gramms.

Das Rotkäppchen machte sich die Konzeption des
Wolfes zu eigen, ohne die darin implizierten be-
drohlichen Trugschlüsse analytisch zu reflektie-
ren, geschweige denn aufzuarbeiten. Die Konsequenz: Der Wolf konnte ungehindert aus dem Ar-
gumentationszusammenhang ausbrechen und ver-
fügte so über den günstigsten handlungstheoreti-
schen Ansatz, einem anthropologisch nicht inte-
grierbaren *appetitus naturalis sensitivus,* auf
deutsch: einer Freßlust nachgeben zu können und
die Großmutter in sicherem methodischen Zugriff
zu verschlingen, bevor das Rotkäppchen, ver-
wickelt in seinen Blumenexkurs, im Hause der
Großmutter definitiv anweste.

Dies konnte freilich – ungleich der Parusie Christi – nicht lange „verziehen": Rotkäppchen erschien, oder, systematisch-theologisch zu äußerster Präzision vorgetrieben: Es ereignete sich im
Hause der Großmutter, das heißt: Es weste an in
jener analogielosen Weise von multidimensiona-
lem Da-Sein, die menschliches Existieren unterscheidend auszeichnet. Rotkäppchen, mit sich
selbst in jener Naivität identisch, die arglos
fremde Nicht-Identität nicht wahrzunehmen ver-

23

mag, versuchte, ein Stück dialogischer Existenz zu realisieren, und verwickelte den Wolf, den es für die Großmutter hielt, in einen herrschaftsfreien Diskurs über die spezifische Differenz zwischen tierischen und menschlichen Körperorganen: Man sprach über Ohren, Augen, Hände und Mund bzw. Maul. Der Terminus „Maul" war dabei von jener Dignität kommunikationstheoretischer Begriffe, die, wenn verlautet, den Übergang von abstrakter Handlungstheorie zu konkretem Handeln performativ auszulösen vermögen: Rotkäppchen hatte das Todesschicksal der Großmutter zu teilen.

An dieser Stelle ist eine alles entscheidende Zwischenbemerkung einzuschieben, die geeignet ist, mit äußerster Trennschärfe die Unterschiede zwischen einer rein humanwissenschaftlichen oder auch philosophischen und einer theologischen Betrachtungsweise des menschlichen Todesschicksals aufleuchten zu lassen. Jede außertheologische Betrachtung des Todes muß in ausweglosen Aporien der Vergeblichkeit, der buchstäblichen Ver-Nichtung menschlicher Sinntotalität bzw. der menschlichen Fragedynamik auf sie hin enden. Allein die Theologie ist zu der Aussage ermächtigt, daß im Tode menschliche Sinntotalität nicht vernichtet, sondern in eschatologischer Endgültigkeit aufbewahrt, gerettet, ja ich wage im Sinne Hegels zu sagen: „aufgehoben" ist.

So muß nun geurteilt werden, daß Rotkäppchens diakonisches Handeln durch seinen grausamen Tod nicht der Absurdität anheimfiel, vielmehr seine eschatologische Definitivität erreichte. Seinem Tod eignete darum – wie auch dem der Großmutter – durchaus transitorischer Charakter.

Auf der geschichtlichen Seite des unendlichen qualitativen Abstandes zwischen Zeit und Ewigkeit wurde dieser heilsgeschichtliche Zusammenhang manifest durch das Auftreten des Jägers. Dieser erkannte die tödliche egozentrische Selbstverhaftung des Wolfes an dessen Schnarchen, öffnete dessen Bauch und eröffnete damit der Großmutter und dem Rotkäppchen den Übergang zu neuem Leben.

So zeigen sich Rotkäppchen und die Großmutter als paradigmatische Figuren jener die Zeit und Geschichte transzendierenden Sinntotalität des Menschen, in der Tod und Leben, Leiden und Freude, Untergang und Auferstehung, Handeln und Empfangen, Freiheit und Gnade, Kerygma und Mythos, Existenz und Essenz, Individualität und Sozialität dialektisch miteinander vermittelt und paradox identisch sind – jener Sinntotalität, so möchte ich es in eine abschließende Formulierung gießen, die im Dunkel menschlichen Fragens immer schon erahnt, im Hell-Dunkel des Glaubens *er*griffen, in der Tageshelle systematisch-theologischer Reflexion aber allererst umfassend *be*griffen wird. Wer es liest, der merke auf (vgl. Mt 24,15)!

# Rotkäppchen–
## propädeutisch-theologisch

Es war einmal eine angehende Studentin, die in sich gewisse Motivationsstrukturen wahrnahm, reflektierte christliche Praxis zum Lebensentwurf zu machen. Ihre Eltern bemerkten dies und beschlossen, mit ihr eine praxisorientierte propädeutische Veranstaltung durchzuführen. Was lag näher, als die propädeutische Grundfrage: „Wozu Glaube und Religion?" in ihrer existentiellen Relevanz für die junge Frau im Rahmen einer christlichen Tat erfahrbar werden zu lassen? Zum Zeichen des neuen existentiellen Aufbruchs und als konfessorisches Identitätszeichen setzten sie ihr eine rote Mütze auf – gestiftet von der Großmutter – und nannten sie fortan „Rotkäppchen". Die ohne jeden Leistungsdruck gestellte Aufgabe lautete, der im Wald wohnenden Großmutter Kuchen und Wein zu bringen. Aus curricularen Gründen dürfe die junge Frau dabei nicht vom Wege abweichen und müsse insoweit eine gewisse Bindung an die propädeutischen Lehrveranstaltungsleiter, also an die Eltern, akzeptieren („Leiterbezogenheit"). Vor allem habe sie sich keiner anderen Studienplanung anzuvertrauen, da niemand außer den

Eltern mit ausreichender reflektierter Bewußtheit den propädeutischen Lehrveranstaltungsstil beherrsche.

Rotkäppchen beseitigte alle vorrangigen Störungen und brachte sich ein. Sie übernahm die Aufgabe und machte sich methodisch sicher auf den Weg. Unterwegs hatte sie eine Begegnung, die sie in ihrer anfänglichen Orientierungssicherheit aufs äußerste verunsicherte: Ein Wolf tauchte auf und verwickelte Rotkäppchen in ein Seitengespräch, das den themenzentrierten propädeutischen Ansatz der von den Eltern eingeleiteten Übung in nicht mehr aufzuarbeitender Weise durcheinanderbrachte. Rotkäppchen solle, insinuierte der Wolf, sozusagen als Zwischeneinheit vor der Fortsetzung des curricularen Weges, abseits vom Wege Blumen pflücken und sie der Großmutter mitbringen. Daß dies in der Handlungsstrategie des Wolfes auf eine perfekte Manipulation der propädeutischen Orientierung Rotkäppchens, ja auf eine totale Umfunktionierung der propädeutischen Veranstaltung als ganzer abzielte, ahnte Rotkäppchen nicht. So konnte der Wolf, von Rotkäppchen nicht wahrgenommen, als erster das Haus der Großmutter erreichen.

Als der Wolf an die Tür klopfte, schaltete die Großmutter eine Orientierungseinheit vor und erkundigte sich, wer da an der Tür stehe. Der Wolf

verschleierte seine wahre Identität und antwortete
mit sich zurücknehmender Stimme, Rotkäppchen
stehe mit Kuchen und Wein vor der Tür. Da über-
wand die Großmutter alle Kommunikations-
störungen und intersubjektiven Friktionen und
forderte den Wolf auf, die Klinke herunterzu-
drücken. Der Ausgang ist bekannt: Wenig später
hatte der Wolf die Großmutter dominiert, das
heißt: verschlungen und damit Rotkäppchen der
Bezugsperson des propädeutischen Praktikums be-
raubt.

Rotkäppchen sollte dies freilich nicht sofort fest-
machen. Daher verkleidete sich der Wolf und ließ
sich, als Rotkäppchen eintraf, auf ein Rollenspiel
ein, in dem er selbst sehr überzeugend die Rolle
der Großmutter übernahm. Es folgte eine lernin-
tensive Gesprächseinheit, in der der Wolf der jungen Frau ohne zurückbleibende Frustrationsge-
fühle alle Fragen nach Ohren, Augen, Händen und
Maul beantworten konnte. Die Voraussetzungen
für eine themenzentrierte Interaktion auf der Basis
einer theologisch-anthropologischen Übung wären
gegeben gewesen, wenn nicht der Wolf beim Er-
klingen des Wortes „Maul" aus der Rolle gefallen
wäre und, gewissermaßen in verfrühter Nachar-
beit, Rotkäppchen verschlungen hätte.

Damit allerdings hatte sich für Rotkäppchen die
ursprüngliche propädeutische Zielsetzung in einen
existentiell höchst relevanten Sachbezug verwan-

delt: Der Wolf hatte seine Umfunktionierungsab-
sicht voll und ganz verwirklichen können, und
Rotkäppchen mußte sich sagen, daß aus dem
theologischen Propädeutikum höchster theologi-
scher Ernstfall geworden war. Darauf war unsere
Studentin allerdings infolge verfrühten Abbruchs
der propädeutischen Phase denkbar schlecht vor-
bereitet, und so konnte eine vorübergehende Phase
bloßer Passivität im Lernprozeß nicht verhindert
werden – der plötzliche Sachbezug überwältigte
einfach das Maß bereits erreichter methodischer
Einübung.

Da die Eltern, hinsichtlich der Wendung der
Dinge ohne jeden Informationsvorsprung, für
wirksame propädeutische Hilfe ausfielen, konnte
nur ein Leiterwechsel weiterführen, und der gelang denn auch, indem rechtzeitig der Jäger für die
Mitarbeit im Dozententeam gewonnen werden
konnte. Dieser, schon immer skeptisch gegen
übertriebene methodische Feinplanung, versuchte
zunächst nicht, Rotkäppchen zur Eigenaktivität zu
motivieren, sondern praktizierte einen autoritären
Einschnitt in den Bauch des Wolfes und holte das
immer noch sich rein passiv verhaltende Rotkäppchen und anschließend auch die für die Fortsetzung der Lehrveranstaltung unentbehrliche
Großmutter heraus. Damit war die ursprüngliche
propädeutische Lernsituation wiederhergestellt,
was man denn auch durch das gemeinsame Mahl

bei Kuchen und Wein sofort auszuwerten begann. Der Wolf hingegen wurde von jedweder weiteren Mitwirkung im Propädeutikum ausgeschlossen.

Allerdings: Der radikale Wirklichkeitskontakt, der Rotkäppchen außerhalb aller curricularen Planung zuteil geworden war – man wird nicht anstehen zu sagen, daß er ein Kolleg in Eschatologie ersetzte –, beschleunigte bei Rotkäppchen den Lernfortschritt beträchtlich, und bald zeigte sich, daß der jungen Frau nicht mehr alle propädeutischen Einzelschritte zugemutet und nicht mehr das ganze Paket propädeutischer Veranstaltungen aufgeladen werden mußte. Rotkäppchen ließ sich also alsbald ins Proseminar aufnehmen, setzte zügig die theoretische Aufarbeitung ihrer ursprünglichen praxisbezogenen Motivationen fort und konnte weit unterhalb der Regelstudienzeit ihr Examen mit Auszeichnung bestehen.

Und so zeigt sich hier exemplarisch: Das beste Propädeutikum ist – die Wirklichkeit!

# Rotkäppchen – kirchengeschichtlich

Die Zeit, in der sich jene Vorfälle ereigneten, die unter dem Namen „die Rotkäppchen-Wirren" bekannt sind, ist dem Kirchenhistoriker vertraut. Es ist jene Zeit des ausgehenden 15. Jahrhunderts, die man den „Vorabend" der abendländischen Reformation nennt. Die Forschungen von Bernhold Liese – wegen seiner Arbeiten über Martin Luther von den Studierenden liebevoll „der Lies-Luther" genannt – haben diese Abendepoche des Mittelalters unter allgemeinhistorischen wie theologiegeschichtlichen Aspekten ins Licht der historischen Erkenntnis gehoben. Neben ihm haben Henneke Güstrow durch seine kulturgeschichtlichen und Matthäus Krugwirt durch seine wirtschaftsgeschichtlichen und sozialgeschichtlichen Untersuchungen für das Verständnis dieser Zeit Pionierarbeit geleistet.

Deutschland war noch ganz überwiegend ein Agrarland. Nur 5 % der deutschen Bevölkerung lebte in den Städten – von denen keine mehr als 50 000 Einwohner hatte. Deutschland – soweit der Historiker diesen Begriff aus der Zeit der Nationalstaaten nicht als anachronistisch zu betrachten hat – war demgemäß ein riesiges zusammenhängendes Waldgebiet, soweit nicht Rodungen den Boden urbar gemacht hatten – und das war in weit geringerem Umfang der Fall, als wir uns heute vorzustellen geneigt sind. Das Kriminalitätsproblem war vergleichsweise gering, und so konnte es durchaus geschehen, daß eine ältere Frau allein in ihrem Haus im Wald wohnte, wobei die Infrastruktur sich auf den Fußweg durch den Wald beschränkte. Es gibt freilich gewisse Anhaltspunkte dafür, daß sich eben dies im Gefolge der Rotkäppchen-Wirren änderte.

Und nun zur Hauptperson. Rotkäppchen war die Tochter frühbürgerlicher Eltern von bescheidenem Vermögen – das sich freilich im Laufe ihres Lebens im Zuge des wirtschaftlichen Niedergangs verzehrte und die Eltern im Alter der Armut anheimfallen ließ. Sie waren Handwerker und daher noch ganz in die Ordnung der Stände und Zünfte, ihre Schutzwirkung, aber auch ihre Zwänge eingebunden, autonomes Denken und Handeln nicht gewohnt. So bekleideten sie auch ihre Tochter ganz selbstverständlich mit der Kopfbedeckung ihrer Zunft, einer roten Kappe. Dabei ist bis heute in der Forschung umstritten, ob die rote Kappe das Kennzeichen der Tuchmacher oder der Färber war, doch können wir dieses Problem für den Augenblick ausklammern. Wir wissen zudem, daß aus

33

jener Zeit eine Unzahl noch heute gebräuchlicher, nur geringfügig abgewandelter Namen stammen, die ihre Trägerin, ihren Träger entweder nach ihrem Beruf, ihrem Wohnort oder sonst einer Eigentümlichkeit bezeichnen.

So geht zum Beispiel der Name „Pesch" auf das Wort „Pesche" (sprich mit gedehntem *e*!) und dieses wiederum auf das lateinische *pascua* zurück – womit zu vermuten steht, daß die Träger dieses Namens, der übrigens am unteren Rhein auch als Ortsname vorkommt, einstmals Besitzer von Wiesen und also Viehzüchter gewesen sind. Für den mit dem Forschungsstand vertrauten Kirchenhistoriker ist es also keineswegs auffällig, daß ein Mädchen damals „Rotkäppchen" hieß: Der Name kennzeichnet seine Trägerin einfach nach dem, was sie auf dem Kopf hatte.

Weithin im Dunkeln dagegen verliert sich, was genau die Rotkäppchen-Wirren ausgelöst hat. Am ehesten kommt Licht in die Ereignisse, wenn wir einen Vergleich mit Luthers reformatorischem Durchbruch vornehmen. Ein solcher Vergleich ist durchaus legitim. Denn die Zeit, der Spitzfindigkeiten der spätscholastischen Theologie herzlich müde, war voll von der Suche nach einem neuen, unverbrauchten theologischen Ansatz, und manch einer glaubte, ihn gefunden zu haben. Worte, wie sie später Luther zur Kennzeichnung seines Durchbruchs verwendete: „Da fühlte ich mich wie neugeboren" – waren gang und gäbe. Luther steht damit in einer beachtlichen Sprachtradition, ja, es ist nicht einmal ausgeschlossen, daß er von den Rotkäppchen-Wirren gewußt hat, obgleich sie sich, wie noch zu zeigen sein wird, Hunderte von Kilometern von seiner Heimat entfernt abgespielt haben dürften.

Wie dem auch sei, bekannt ist, daß die Eltern Rotkäppchens, wie zahllose Glaubensgenossinnen und Glaubensgenossen in dieser predigtfreudigen, spätmittelalterlichen Zeit, stets sonntags nachmittags zur Predigt gingen. An einem bestimmten Herbstsonntag – es ist umstritten, ob es 1482 oder 1483 war – hörten sie eine Predigt über Mt 25, 31–46, über die große Gerichtsrede Jesu also. „Da rissen sie her durch", möchte man mit Luther in einem der Selbstzeugnisse über seinen Durchbruch sagen; denn von nun an war von ihrer ursprünglichen Absicht, das nachgeborene Mädchen der Sitte der Zeit gemäß ins Kloster zu schicken, nicht mehr die Rede. Sie hatten ganz neu verstanden, daß nicht Weltflucht, sondern im Glauben begründete Praxis der Nächstenliebe das Wesen christlicher Existenz ausmachte. Und daß demgegenüber alle Theorie zurückzutreten habe, oder genauer: daß die Orthopraxie der Orthodoxie bedingend und strukturierend vorauszugehen habe. Kurzum, man sagt nicht zuviel, hier die entferntere Vorbereitung jener theologischen Strömung der Gegenwart zu sehen, die unter dem Namen

„politische Theologie" bekannt ist. So packten sie Backwerk und Wein in einen Korb, übergaben diesen ihrer Tochter und schickten sie in den Wald, damit sie die Geschenke der im Wald wohnenden Großmutter überbringe und darin zugleich eine praxisbezogene Übung der Nächstenliebe übernehme – wobei es bis heute nicht gelungen ist, eindeutig festzustellen, ob es sich um die Großmutter väterlicherseits oder mütterlicherseits handelte.

Die kleinen Details „Backwerk" und „Wein" sagen dem Historiker sehr viel. Er wird hier nicht zunächst, frommer Assoziation nachgebend, eine Anspielung auf die Feier des Abendmahles erblicken. Er wird vielmehr mit dem erdschweren Realismus, der den Historiker auszeichnet, Rückschlüsse auf den Ort der Geschehnisse tätigen. Warum denn nicht Grütze und Bier? Warum nicht Reis und Tee? Backwerk und Wein jedenfalls verweisen in eine Gegend, die einerseits aus Gründen, die sogleich zur Sprache kommen, kalt sein muß, andererseits in der Nähe einer Weinregion liegt, und drittens, wie die *Kombination* von Backwerk und Wein beweist, unter französischem Einfluß stehen muß. Kurzum, es ist an das westliche Rheinland und seine Mittelgebirge zu denken – an die Eifel, den Hunsrück oder auch den Pfälzerwald. Südlichere Gegenden scheiden aus, weil es dort entweder keine Wölfe gibt – diese pflegen in wärmeren Gegenden nicht vorzukommen – oder weil dort kein Wein wächst, wie etwa in den Alpen. Wölfe jedenfalls müssen sehr zahlreich in den Wäldern jener Gegend ihr Wesen getrieben haben, und das nimmt nicht wunder, wenn man bedenkt, daß der letzte Wolf auf deutschem Boden um etwa 1850 im Bayerischen Wald erschossen wurde.

Es ist also nicht auffällig, daß ein Wolf dem Mädchen über den Weg lief. Der Wolf trägt zwar in der christlich-biblischen Tradition schon immer einen negativen Akzent, doch scheint dieser vor den Rotkäppchen-Wirren noch nicht so deutlich im allgemeinen Bewußtsein ausgeprägt gewesen zu sein. So ist es kein Wunder, daß Rotkäppchen zunächst dem Wolf ohne Mißtrauen begegnete. Der Wolf dagegen nutzte mit Arglist zwei heute nicht mehr leicht nachvollziehbare kulturgeschichtliche Faktoren schamlos aus: die fehlende Infrastruktur – also die Tatsache, daß nur der eine Weg sicher zum Ziel führte – und die noch völlig unberührte, von keiner Umweltverseuchung geschädigte Natur. So war es ihm ein Leichtes, Rotkäppchen zuerst auf die Vielzahl schöner Blumen hinzuweisen, von denen sie der Großmutter einen Strauß mitbringen solle, und anschließend in der sicheren Gewißheit davonzuschleichen, daß Rotkäppchen einige Zeit brauchen werde, bis sie wieder zu dem einzigen und sicheren Weg durch den unberührten Wald zurückfand.

Was nun folgte, wissen wir nur aus Bericht und Perspektive der Betroffenen, da Zeugen naturgemäß fehlen. Der Historiker wird daher an die überlieferten Berichte und insbesondere an die Dialoge mit gebotener methodischer Vorsicht herangehen. Die intensive Interpretationsbemühung des Kollegen von der Systematischen Theologie gerade an dieser Stelle (siehe oben *Rotkäppchen – systematisch-theologisch*) wird er eher zurückhaltend beurteilen, eingedenk der Problematik, daß wir weder die *ipsissima vox* (den authentischen Wortlaut) des Rotkäppchens, noch die des Wolfes, noch die der Großmutter in sicherer Überlieferung vor uns haben. Das *brutum factum* (die Tatsache als solche) ist allerdings gesichert: Der Wolf verschlang zuerst die überlistete Großmutter, hernach das getäuschte Rotkäppchen und fiel darauf – wen könnte das wundern! – in Tiefschlaf.

Auf festem Boden ist der Historiker wieder, wo der Jäger auftaucht, denn ihn belegen nicht nur Zeugen, sondern vor allem die Wirkungsgeschichte. Der „Jäger" – damals ein noch nicht zum „Förster" entfremdeter Beruf! Der Jäger *lebte* von der Jagd, und nicht etwa betrieb er sie als Luxussport. So verstand er die kleinsten Zeichen in Wald und Flur zu deuten, entdeckte den unpäßlichen Wolf – das Resultat ist bekannt.
Die Nachricht davon verbreitete sich naturgemäß bald und rasch – vergleichbar Luthers Ablaß-

thesen. Bald entstanden Märchen, Sagen, Ge-
dichte, Lieder von „Rotkäppchen". Diese schöne
Seite der Rotkäppchen-Wirren hat freilich ihre
Kehrseite: Nachweislich beginnt seit dem Ende
des 15. Jahrhunderts in Europa die systematische
Ausrottung des Wolfes – bis dahin, daß man ihn
heute künstlich wieder einführen muß, etwa in
Wildparks oder im Nationalpark Bayerischer
Wald.

Der Kirchenhistoriker, insofern auch sein Fach ein
theologisches ist, kann sich hier nur schwer der
Erkenntnis entziehen, daß die Rotkäppchen-Wirren ein historisches Paradigma der Feindschaft
zwischen Mensch und Tier sind, die eine Folge
der Sünde ist. Um so mehr wird er auch hier aus
der Perspektive seines Faches beitragen können
zur Erhellung der eschatologischen Weissagung
des Propheten: „Der Wolf wird neben dem Lamm
lagern ..., der Löwe frißt Stroh" (Jes 11, 6. 8).

# Rotkäppchen – alttestamentlich

Der Midrasch vom Rotkäppchen erfreut sich unter den alttestamentlichen Erzählungen eines außergewöhnlichen Bekanntheitsgrades – auch bei solchen Zeitgenossinnen und Zeitgenossen, die sonst keine Zeile der Bibel gelesen haben, schon gar nicht vom Alten Testament. Das liegt zum einen an der in der Erzählung thematisierten, allgemeinmenschlichen Ursituation zwischen Leben, Handeln nach der Weisung der Gottheit, Todesnot und unerwarteter Rettung, zum anderen – und eben deshalb – an den Parallelen, die diese biblische Erzählung im Märchenschatz vieler außerbiblischer Völker hat, auch solcher, die kulturell gar nicht von der Welt des Alten Testamentes berührt sind, wie zum Beispiel der germanischen.

## 1  Zum Forschungsstand

Lange Zeit hat die Forschung angenommen, die Erzählung sei *nur* ein Midrasch, also eine zu Zwecken der Verdeutlichung einer theologischen Wahrheit frei gestaltete Lehrerzählung – in diesem

Falle prophetischen Inhalts mit eschatologischer Zuspitzung. Jüngste Untersuchungen sind aber darauf gestoßen, daß sie höchstwahrscheinlich auf eine aitiologische Sage zurückgeht. Wie Genesis 3 unter anderem die „Ursache" *(aitía)* für die besondere Abneigung der Menschen gegen Schlangen klarstellen soll, so die Rotkäppchen-Erzählung die Ursache der besonderen Feindschaft zwischen Mensch und Wolf, die ja in der Tat einer besonderen Erklärung bedarf, weil bekanntlich der Wolf von Haus aus nicht Menschen, sondern kranke und verendete Tiere reißt.

An vorderster Front der neuen Forschungslinie steht der biblische Archäologe Eduard Noordoem, der im Ostjordanland, das einstmals bewaldet war, Skarabäusfunde machte, die eindeutig auf einen historischen Kern der Rotkäppchen-Erzählung hinweisen.[1] Es muß, so geht aus den Bildern auf der Unterseite der Skarabäen hervor, dort einmal eine Wolfsplage gegeben haben, die tatsächlich viele Menschenleben kostete, aber so plötzlich endete, wie sie angefangen hatte (was man aus

---

[1] Ein *Skarabäus* ist ein Schmuckstück in der Form eines Mistkäfers mit Verzierungen oder Schriftzeichen auf der flachen Unterseite; verbreitet vor allem im alten Ägypten, als Import oder nachgeahmt auch in Palästina und Syrien gefunden. *Notabene:* Diese Anmerkung ist kein Märchen.

41

ziemlich genau datierbaren fossilen Wolfskno-
chenfunden schließt). Die Skarabäen nun zeigen
Bildnisse, wie die Wolfsplage durch ein wunderbares Eingreifen Gottes ihr Ende nahm. Auch
haben sich auf ihnen Hieroglyphen gefunden, die,
nach langem Herumrätseln in Klartext übersetzt,
eine verblüffende Ähnlichkeit mit Gen 3,15 auf-
weisen. Es findet sich dort nämlich ein Gottes-
spruch an den Wolf: „Feindschaft will ich setzen
zwischen dir und dem Hirten. Du wirst ihm auf-
lauern, und er wird dir den Bauch aufschlitzen."

Von diesen Inschriften her ist es verständlich,
wenn daraus bald eine aitiologische Sage entstand,
die als literarische Quelle der Rotkäppchen-Erzählung rekonstruiert werden kann. Wirkungsgeschichte bekam sie freilich erst in der Gestalt des
biblischen Midrasch. Darum bleiben auch die bisherigen Forschungen von Niklas Köchel und Ber-
told Najowski nach wie vor unüberholt, die den
prophetischen (Stichwort: „Tun-Ergehen-Zusam-
menhang") und den orientalistisch-religionsge-
schichtlichen Hintergrund (Stichwort: „Hilfe am
Morgen") lückenlos aufgehellt haben. Deshalb
wird auch die Sammlung der einschlägigen
Beiträge von Niklas Köchel unter den Studierenden respektvoll „das Köchel-Verzeichnis" genannt.

## 2 Der Inhalt der Erzählung

Wir sind damit beim bibeltheologischen Gehalt
der Lehrerzählung. Doch rekapitulieren wir
zunächst den alten Text. Er hat übrigens leider im
Zuge der lutherischen Entscheidungen über den
Umfang des Alttestamentlichen Kanons – vgl.
dazu den bekannten und erhellenden Aufsatz unseres Kollegen Bernold Liese! – keinen Eingang in
die Lutherbibel gefunden, sondern ist zu suchen
unter den pseudepigraphischen K$^e$tubim (Schriften) der Weisheitsliteratur einer katholischen Bi-
belausgabe.

Ein junges Mädchen, das den Namen „Rotkäppchen" trägt (V. 1) – davon sogleich –, wird von seinen Eltern zur „jenseits des Waldes" wohnenden
Großmutter geschickt, damit sie ihr frisch ge-
backene Brotfladen und Wein überbringe (V. 2).
Unterwegs hat sie eine Begegnung mit einem einsamen Wolf, der offenbar an diesem Tage vergeblich nach Beute ausgeschaut hat, und – hier ist
Sage nicht mehr von Historie zu trennen – kommt
mit diesem in ein Gespräch (VV. 3–4). Rotkäppchen läßt sich ablenken und sammelt für die
Großmutter noch einige Bitterkräuter (V. 5),
während der Wolf plötzlich verschwunden ist
(V. 6). Rotkäppchen erreicht das Haus der Großmutter (V. 7). Dort hat der Wolf sich inzwischen

mit wölfischer List Einlaß verschafft, die Großmutter verschlungen und sich in ihren Kleidern
auf die ärmliche Lagerstatt gelegt (VV. 8–9). Rotkäppchen erkennt den Wolf nicht, läßt sich vielmehr nochmals auf ein Gespräch mit ihm ein –
bis diesen die Gier überwältigt und er auch Rotkäppchen verschlingt (VV. 10–14). Daß die Geschichte doch noch einen guten Ausgang nimmt,
verdankt sich der Tatsache, daß die einsame Gegend zugleich auch der bevorzugte Aufenthaltsort
von Hirten mit ihren Herden ist. Und Hirten in
Palästina kennen sich bekanntlich mit Wölfen aus
(VV. 15–16). Ein Hirte, der der Großmutter frisch
geschlachtetes Lammfleisch überbringen wollte
(V. 17), findet den unpäßlichen Wolf, tötet ihn,
schneidet ihm den Bauch auf und rettet Rotkäppchen und die Großmutter in letzter Minute (VV.
18–19). Den Beschluß bildet der Bericht von
einem großen Festmahl mit gebratenem Lamm,
Bitterkräutern, mit Brotfladen und mit Wein
(VV. 20–22).

## 3 Historisch-kritische Einzelerklärung

**V. 1:** Der uns geläufige Name „Rotkäppchen" in
der deutschen Übersetzung ist zweifellos voraus-
eilende „hermeneutische Abneigung" in einem
anderen Kulturkreis. In Palästina und den angren-
zenden Gegenden tragen die Frauen keine Käpp-

chen, sondern Schleier. Im hebräischen Urtext steht eine der bekannten *Status-constructus*-Formulierungen nach dem Modell: „die Statue meines Silbers" = „meine silberne Statue". So heißt es hier wörtlich: „Der Schleier meiner Röte". Grammatisch sind beide Übersetzungen möglich: „mein roter Schleier" und: „der Schleier meiner Rotheit" im Sinne von „für meine roten Haare". Obwohl es im Hebräischen ein Adjektiv „rot" gibt, nämlich 'edom, so daß sich eine *Status-constructus*-Wendung eigentlich erübrigte, und obwohl rothaarige Menschen in der Gegend vorkamen – man denke an die Edomiter –, hat sich in der Forschung doch die erste Übersetzung durchgesetzt. Deshalb übersetze ich im folgenden konsequent mit „Rotschleier".

**V. 2**: Der einsame Wohnort der Großmutter – „jenseits des Waldes" muß hier die Jordan-Senke meinen, die, wie wir wissen, in alter Zeit jenseits der Waldgrenze lag – mag verwundern. Er ist allerdings in der Situation der alten Großfamilie noch außergewöhnlicher. Ihr einsames Leben ist nur zu erklären als Folge einer erzwungenen Ausgrenzung, vermutlich wegen Aussatz – und jeder Althistoriker weiß, wie hilflos die vorderorientalische Gesellschaft gegenüber Hautkrankheiten war, und zwar aus medizinischen und deshalb auch aus religiösen Gründen. Wenn Rotschleier daher von den Eltern mit den Grundnahrungsmitteln zu der ausgegrenzten Großmutter geschickt wird, läßt das nur einen Schluß zu: Eltern und Tochter sind tief davon durchdrungen, daß Ausgrenzung von Mitmenschen wider Gottes Willen ist. Ihre Aktion ist eine prophetische Handlung. Wir haben hier ein frühes Zeugnis – lange vor den Schriftpropheten Israels – für ein Grundthema der prophetischen Tradition vor uns, möglicherweise sogar seine von der Forschung bisher vernachlässigte Quelle.

**VV. 3–4:** Wie schon gesagt, lassen die Knochenfunde keinen Zweifel an der Glaubwürdigkeit der Nachricht von einem Wolf zu. Zoologen belehren allerdings die Orientalisten und Alttestamentler, daß die Knochenfunde auch an Hyänen denken lassen könnten. Möglicherweise haben wir es mit einer evolutionären Variante dessen zu tun, was wir heute im Wildpark Lüneburger Heide oder im Nationalpark Bayerischer Wald (wieder) besichtigen können. – Die historischen Sicherungsmöglichkeiten versagen nun allerdings bei dem „Gespräch" zwischen Rotschleier und dem Wolf – nicht anders als beim historischen Kern der Wunder Jesu. Wir können nur sagen: *Irgend etwas* an zumindest non-verbaler Kommunikation muß erfolgt sein, weil sonst der Fortgang der Geschichte unerklärlich ist.

**V. 5:** Warum Eltern und Rotschleier nicht *vorher* an die Bitterkräuter gedacht haben, wenn sie denn nötig waren, ist schwer zu erklären. Im Blick auf den Ausgang der Geschichte (vgl. VV. 20–22) sollten die Bitterkräuter allerdings eine providentielle Bedeutung bekommen, die sich erst einer abschließenden theologischen Auslegung voll eröffnen kann.

**VV. 6–7:** Wenn wir im Auge behalten, daß der Wald bei dem damals noch reichhaltigen Regen (über 500 mm im Jahr) den Charakter eines subtropischen Regenwaldes hat, verwundert das unbemerkte Verschwinden des Wolfes nicht. Naturkinder wie Rotschleier finden trotzdem auch ohne Infrastruktur ihren Weg durch den Regenwald.

**VV. 7–9:** Das Schicksal der Großmutter durch die Aktion des Wolfes bedarf keines Kommentars, weil hier die Schilderung des Textes voll mit den Adaptationen in anderen Kulturkreisen, etwa im deutschen Märchen vom Rotkäppchen, übereinstimmt.

**VV. 10–14:** Auch der Inhalt der VV. 10–14 ist aus den Parallelen im außerisraelitischen Märchenschatz geläufig. Dem Alttestamentler stellt sich jedoch die Frage, wie bei soviel prophetischer Bewußtheit, die Rotschleier und ihren Eltern unbedingt zuzuerkennen ist, Rotschleier ein weiteres Mal dem Wolf gegenüber arglos bleibt. Bei allem

Mißtrauen gegen vorschnelle Systematisierung kann der Bibelwissenschaftler hier eine Erinnerung an das Stichwort nicht unterdrücken, das sein berühmter Systematiker-Kollege Paul Tillich geprägt hat: „träumende Unschuld".

**VV. 15–19:** Mit V. 15f. ist der Orientalist wieder auf sicherem Gelände. Selbstverständlich kann unter den gegebenen kulturellen Bedingungen nicht, wie andernorts, von einem „Jäger" die Rede sein. Im Gegenteil, es beweist die Unbezweifelbarkeit des historischen Kerns, daß ein *Hirte* auftaucht, der zudem noch der Großmutter ein Lamm bringen will. Auch die Hirten waren ja damals Ausgegrenzte, Inbegriff der Verachteten und Marginalisierten, wie uns nicht zuletzt die Weihnachtsgeschichte jedes Jahr bezeugt. Marginalisierte üben Solidarität untereinander – das ist der schlichte Schluß, den wir zu ziehen haben. Aus Jo 10, 1–21 wissen wir auch von der Erbfeindschaft zwischen Hirten und Wölfen. Kein Wunder also, daß der Hirte hier sofort reagiert. *Ein* Wolf weniger!, mag er spontan gedacht haben. Gottlob schneidet er vorsichtig – es kann durchaus vermutet werden, daß Rotschleier und die Großmutter ihn durch Zeichen aus dem Bauch des Wolfes zur Vorsicht anhielten.

**VV. 20–22:** Nun erst erweist sich Rotschleiers Suche nach den Bitterkräutern auch dem histori-

schen Befund nach als providentiell. Ahnungslos
hat Rotschleier die Beilagen zum Lammbraten mit-
gebracht, der ursprünglich gar nicht vorgesehen
war. Nach der großen Befreiungserfahrung aber ist
klar, daß aus einer kleinen Versorgung mit Grundnahrungsmitteln ein großes Festmahl werden
muß: mit gebratenem Lamm, Bitterkräutern, Brotfladen und Wein. Welchem Bibelkundigen fällt da
nicht das Pessach-Mahl ein? In der Tat kann der
Forscher hier Rückschlüsse nicht abwehren. Die
genannten Wolfsfunde datieren aus dem 19. Jahrhundert vor Christus, also vor der israelischen
Landnahme, die mit der Tradition des Pessach-
Mahles beim Auszug aus dem „Sklavenhaus
Ägypten" (Dt. 5,6) verbunden ist. Die Konsequenz
ist unvermeidlich: Die Pessach-Tradition geht auf
den Midrasch von Rotschleier zurück – und mit
ihr dann letztlich auch die Tradition des christlichen Abendmahles, insoweit sie – bekanntlich ja
umstritten – an das Pessach-Mahl anknüpft.

## 4 Theologische Auslegung

Alle historisch-kritische Einzelerklärung ist nur
zusätzliche Auslegungshilfe, gelegentlich sogar
fast ein Luxus für Studierende der Theologie! Wo
kämen wir denn auch hin, wenn wir (zum Beispiel) auf die Herren Noordoem, Köchel und
Najowski warten müßten, ehe wir angemessen die

biblische Geschichte von Rotschleier verstehen
und in christliche Praxis umsetzen könnten! Nein,
keine Professorenkirche bitte, auch nicht auf noch
so schönen Schleichwegen! Was uns also bindet
und im Gehorsam gegen Gottes Wort gefangen-
nimmt, ist der Text, wie er heute kanonisch (oder
deuterokanonisch) *ist* – also nicht die aitiologische Sage, schon gar nicht das zugrundeliegende
*brutum factum,* sondern der Midrasch in der end-
redaktionellen Gestalt. Oder um es in der Fachter-
minologie der Bibelwissenschaft festzuhalten:
Nicht die diachrone, sondern die synchrone Le-
sung des Textes nimmt uns in die Auslegungs-
pflicht.

Nun wissen wir aus der Exegese der Gleichnisse
Jesu, daß bei einer *Parabel* immer und nur auf
das *tertium comparationis* zu achten ist. Der Midrasch dagegen ist darin eher der *Allegorie* ver-
wandt, daß *alle* Einzelheiten theologische Bedeutung haben. Und vor allem: Die handelnden Personen und ihr Tun sind nicht individuell, sondern
kollektiv zu verstehen. Adam und Eva sind nicht
ein prähistorisches Menschenpaar – Adam und
Eva sind wir alle. Rotschleier, ihre Eltern, die
Großmutter, der Hirte, der Wolf – wer sind *sie?*

Wir müssen bei der Gestalt der Großmutter einsetzen. Sie repräsentiert, wie die historisch-kritische Exegese ergab, die Ausgegrenzten, Marginalisierten, Verachteten. Die anderen Personen sind
diejenigen, die auf irgendeine Weise mit ihnen zu

tun haben und mehr oder weniger eindeutig sich auf der Bahn des Tun-Ergehen-Zusammenhangs an ihre Seite begeben. Wenn wir nun sorgfältig alle hermeneutischen Schritte vom Damals zum Heute bedenken und den alten Text heute buchstäblich „treffend", eine *krisis* bewirkend zur Sprache bringen, dann kann am Ende kein Zweifel sein: Die Großmutter repräsentiert die Studentinnen und Studenten. Sie sind ja gewiß die Ausgegrenzten der Universität – denn niemand wird bestreiten, daß das Universitätsleben für alle um so schöner ist, je besser es gelingt, die Studentinnen und Studenten außen vor zu halten. Daß diese hier durch eine Großmutter, also durch eine Frau und eine alte dazu, versinnbildet werden, gehört selbstverständlich zur „Bildhälfte" und muß im Zuge der neuen hermeneutischen Situation selbstverständlich transzendiert werden.

Rotschleier ist zu interpretieren als die Gruppe der Assistentinnen und Assistenten, der wissenschaftlichen Mitarbeiterinnen und Mitarbeiter, die die geistigen Grundnahrungsmittel zu den Ausgegrenzten transportieren. Der Wolf als untermenschliches Wesen steht für alle anonymen Mächte, die Studentinnen und Studenten ausgrenzen und ihnen den Zugang zu den geistigen Grundnahrungsmitteln versperren, als da sind: Studien- und Prüfungsordnungen, fehlende Raumkapazität, beschränkte Bibliotheksöffnungszeiten,

staatliche Sparmaßnahmen und vieles mehr. Klar,
daß die Eltern die Professoren sind. Daß es bei den
Eltern um Frau *und* Mann geht, gehört natürlich
wieder zur Bildhälfte, da es bekanntlich trotz aller
Frauenrichtlinien so gut wie keine Professorinnen
gibt. Die heutigen Ausgegrenzten sind also zu
allem Unglück auch noch wissenschaftliche Halb-
waisen. Es ist im übrigen nicht wenig bezeichnend, daß die Eltern im Midrasch – also die
Professoren in der Wirklichkeit – zwar im prophetischen Protest mit Rotschleier, also ihren Mitarbeiterinnen und Mitarbeitern, völlig einig sind,
aber nicht selber zu den Ausgegrenzten gehen,
dies vielmehr durch ihre helfenden Geister erledi-
gen lassen.

Am schwierigsten erscheint die Auslegung des
Hirten. Aber wenn wir uns von einer beschränk-
ten altbundesrepublikanischen Sicht frei machen,
ist es doch wiederum nicht *so* schwer: Der Hirte,
der die Situation rettet und für das Festmahl sorgt,
ist der Bischof bzw. die Bischöfin. Auch Bischöfe
können zu den Ausgegrenzten gehören, wie ein
Blick in andere, außerdeutsche und außereuropäi-
sche Weltgegenden lehrt.

Alle Faktoren kommen also zusammen, die jetzt
das Kerygma, ja das Evangelium dieses Midrasch
in einem Satz zusammenfassen lassen: „Barmherzigkeit will ich – und nicht Opfer" (Hos 6,6).

Es ist auch im Licht dieses Kerygmas bezeichnend, daß die Eltern nicht beim Festmahl der Befreiung dabei sind. Aber die Professoren sind ja mit vollem Recht vom Festmahl erfahrener Barmherzigkeit ausgeschlossen. Denn wann hätte man je schon davon gehört, daß Professoren etwas mit Befreiung und Barmherzigkeit zu tun hätten?

# Rotkäppchen –
## missionswissenschaftlich

Die Rotkäppchen-Parabel hat, wie jüngste missionsgeschichtliche Forschungen erweisen, ihre Wurzeln und wahrscheinlich auch einen historischen Kern in Vorgängen, die sich im 17. Jahrhundert christlicher Zeitrechnung auf dem hinterindischen Subkontinent, also in einem buddhistisch geprägten Land abgespielt haben. Das „Käppchen" ist dabei – wie die extensiven Forschungen des Buddhismus-Fachmannes Olaf Schauland ergeben haben – eine Europäisierung, wahrscheinlich ist auch die Farbe „rot" ein typischer Fall von eurozentrischer Vereinnahmung. Das Mädchen hat mit Sicherheit die Kopfbedeckung der armen Leute getragen: den breiten, flachen Strohhut. Die Überlieferung einer Farbe verdankt sich wohl dem aufgesetzten Blumenschmuck. Sachgemäß muß man „Rotkäppchen" zurückübersetzen mit „Strohblume" – und so wollen wir sie fortan nennen. Die Geschichte berichtet von einem frühen Beispiel interreligiöser Begegnung und interkultureller Vermittlung des Christentums. Es hat leider damals kaum Schule gemacht – vermutlich wegen des bald danach im benachbarten China ausgetragenen sogenannten „Ritenstreites", der die christliche Mission in Asien um Jahrhunderte zurückwarf, nicht nur die der katholischen Kirche, die den Streit vom Zaune gebrochen hatte.

Strohblumes Eltern waren neubekehrte Christen und, wie in solchen Fällen von Christen erster Generation nicht selten, streng auf Abgrenzung gegen ihre nichtchristliche Umwelt bedacht. Strohblume dagegen ging umständehalber in eine buddhistisch geprägte Schule und wuchs daher sozusagen religiös zweisprachig auf. Dies und ihr tiefes Durchdrungensein von der unaussprechlichen Namenlosigkeit Gottes wurden ihr zu einem bleibenden Impuls, sich den Fragen des interreligiösen Dialogs zu stellen. Den Eltern entging das nicht, und ängstlich suchten sie gegenzusteuern. So stellten sie Strohblume eine, wie sie meinten, unterscheidend christliche Aufgabe, in der sich der ganze exklusive Absolutheitsanspruch des Christentums konkretisieren sollte: ein Werk der Nächstenliebe. Strohblume sollte der Großmutter jenseits der Terassenberge mit den Reisfeldern, wo sie allein lebte, Reiskuchen und Sake (Reiswein) bringen. Strohblume akzeptierte diese Aufgabe mit Freuden, einmal deswegen, weil das Christentum die asiatische Tradition der vaterdominanten Familie mit der unbedingten Gehorsamspflicht der Kinder, zumal der Mädchen, keineswegs außer Kraft gesetzt, vielmehr sofort „getauft" hatte; sodann, weil ja auch Strohblume überzeugte Christin war; vor allem aber, weil sie in dieser Aufgabe, ohne daß die Eltern das wahrnahmen, einen Weg in die „große Leere" und zum „wahren Licht" sah und so die Vereinbarkeit von buddhistischem und christlichem Menschenbild am eigenen Leib zu erfahren hoffte.

So machte sich Strohblume auf den Weg – den wir uns im Hinterindien des 17. Jahrhunderts auf keinen Fall wie einen deutschen Wanderweg im Schwarzwald vorzustellen haben. Kein Wunder daß sie sich verirrte. Paradoxerweise half ihr ein Königstiger – der „Wolf" ist wieder eurozentrische Umdeutung –, die Orientierung wiederzufinden. Wo er herkam, mußte Wasser zu finden sein, und nur dort konnte die Großmutter wohnen. Buddhistisches All-Einheitsdenken, das die Welt, mit einem bekannten Buchtitel von Reginald und Michaela von der Brücken, als ein „Universum voller Gnade" erlebt, ließ Strohblume ohne Angst dem Tiger begegnen – vielleicht, die Quellen schweigen dazu, unterdrückte sie auch ihre Angst. Auf eine durchaus reale, nur uns verkopften Europäern nicht mehr zugängliche Weise dürfte sich auch der Dialog zwischen Strohblume und dem Tiger abgespielt haben.

Strohblume wußte, daß ihre Buddhistin gebliebene Großmutter natürlich erst recht von der Einheit aller Dinge durchdrungen war und daher viel von

Naturkräutern zur Linderung ihrer Altersleiden hielt. Nebenbei bemerkt: Auch in Europa sind Blumengeschenke ursprünglich nicht als Zimmerschmuck gedacht gewesen, sondern als Heilkräuter geschenkt worden. Strohblume jedenfalls sammelte Kräuter, behielt im Auge, in welche Richtung der Tiger davontrottete, und folgte später seinen Spuren. So fand sie das Haus der Großmutter. Dort hatte sich inzwischen ein Ereignis abgespielt, das nun doch zu einem Argument für die Realitätsnähe der christlichen Auffassung von dem durch den Sündenfall gestörten Verhältnis zwischen Mensch und Tier geraten muß – einer Störung, die menschheitlich universal ist und darum unabhängig vom religiösen Bekenntnis des Individuums. Die Großmutter suchte im Geist ihrer holistischen Religiösität den unbefangenen, liebevollen Umgang mit dem Tiger. Sie hat ihn gewiß auch kosend angeredet und gestreichelt, wie sie bei ihrer Enkelin zu tun pflegte. Der Tiger aber mißdeutete das als Aggression und reagierte seinerseits „holistisch": Er verschlang die Großmutter mit Haut und Haaren. Danach legte er sich in das Bett der Großmutter – kein Bett des europäischen 20. Jahrhunderts, sondern ein blumengeschmücktes Strohlager, vom Tiger also durchaus mit seinem Lager in der freien Natur zu verwechseln.

Strohblume hatte, ihrem interreligiösen Interesse folgend, seit langem heimlich Meditationsübungen gemacht, in der Erwartung, dadurch gerade ihre christliche Spiritualität zu fördern und zu erweitern. Nebenbei bemerkt: Auch in den jüngsten Veröffentlichungen von Theodosius Arontz ist auf diesen Umstand schon mehrfach hingewiesen worden. Seine Bedeutung kann man ja auch kaum unterschätzen, den er nimmt Begegnung und Vermittlungsbemühungen, wie sie etwa im Werk des Jesuiten P. Hugo Enomyia-Lassalle unternommen werden, paradigmatisch vorweg. Im Zuge dieser Übungen also war Strohblume schon über die Stufe der Meditation im Sitzen hinausgewachsen und inzwischen in der Lage, im Gehen zu meditieren. So erklärt es sich, daß sie – fast mechanisch – den Spuren des Tigers folgte, im übrigen aber ganz in ihre Meditation versunken war.

In diesem Bemühen, von sich selbst ganz leer zu werden, erreichte sie die Hütte der Großmutter und erkannte in deren Dämmerlicht nicht den statt der Großmutter auf dem Lager liegenden Tiger. Was die Folgen dieser Verwechslung angeht, deckt sich die europäische Version vom Rotkäppchen mit der asiatischen Vorlage. Den Tiger für die Großmutter haltend, erkundigte sich Strohblume nach Augen, Ohren, Hand und Mund der Großmutter, weil sie wußte, daß diese – bei der damaligen medizinischen Versorgung kein Wun-

der – in bezug auf diese Organe gewisse Alters-
beschwerden hatte. Wiederum faßte der Tiger dies
als Aggression auf, und es wiederholte sich, was
vorher mit der Großmutter geschehen war. Für
Strohblume ein nachhaltiger Schock, zumal nach
der friedlichen, ganzheitlichen Begegnung mit
dem Tiger auf dem Wege.

Der Fortgang der Geschichte liefert nun doch erneut einen Plausibilitätsaufweis für den christlichen Glauben. Man ist versucht, an die alte
Wahrheit von der *anima naturaliter christiana*, der
„von Natur aus christlichen Seele" zu denken. Ein
Reisbauer nämlich kam zufällig zur Hütte der
Großmutter, um nach seiner Gewohnheit mit ihr
ein Gespräch zu führen und bei dieser Gelegenheit ihre Reisvorräte aufzufüllen. Dieser Reisbauer
nun war trotz seines holistischen Lebensgefühls
der paradiesischen Lebensgemeinschaft zwischen
Mensch und Tier nicht mehr so gewiß und in
diesem Realismus sich der radikalen Erlösungs-
bedürftigkeit der Welt bewußt. Er war, mit einem
Wort, nicht weit vom Reiche Gottes (vgl. Mk 12,
34). Gar nicht in Meditation versunken, erfaßte er
sofort die Lage, erwürgte den Tiger mit seinen
eigenen Händen (wozu in Asien ein besonders
hochprozentiger Schnaps die Kräfte verleihen
soll!) und befreite Strohblume und die Großmutter. Das anschließende Festmahl wird sich jeder
Asienkenner ausmalen können.

Für Strohblume hatte diese Erfahrung eine Wirkung besonderer Art. Sie begriff die Einmaligkeit und Endgültigkeit von Tod und Auferweckung nach christlichem Verständnis. Reinkarnationsvorstellungen – die ja immer mit Selbsterlösungsvorstellungen einhergehen – hing sie nicht länger an. Ihre interreligiösen Vermittlungsbemühungen wurden erdschwerer und verloren jeden Anflug einer synkretistischen Tendenz. Von nun an verband sich die unbegrenzte Offenheit für die transzendente Wirklichkeit Gottes und das göttliche Geheimnis der Welt als Schöpfung mit der bedingungslosen Entschiedenheit für das *'eph hápax,* das „Ein-für-allemal" des Christusereignisses – ein Paradigma, das auch heute noch in die Zukunft weist.

Die europäische Version der Geschichte im Märchen vom Rotkäppchen aber ist ein Beispiel gelungener interkultureller Vermittlung zwischen buddhistischem und christlichem Denken – nur: in diesem Fall zugunsten einer interkulturellen Vermittlung des *Buddhismus!* Denn ob es dem „Absolutheitsanspruch" des Christentums Abbruch tut oder nicht: Rotkäppchen ist Strohblume!

# Rotkäppchen –
## praktisch-theologisch

Rotkäppchen hat natürlich nie gelebt. Alle Hypothesen der Kirchenhistoriker, Alttestamentler und
Missionswissenschaftler (siehe die vorausgehenden Kapitel) beruhen zwar jeweils auf fachgerecht
durchgeführten Indizienbeweisen, die aber den
eindeutigen Fakten nicht standhalten. Inzwischen
ist belegbar: Der Altmeister der (evangelischen)
praktischen Theologie, Frohmut Kurz, hat die Erzählung von Rotkäppchen in den 50er Jahren dieses Jahrhunderts als sogenanntes seelsorgliches
und zugleich kirchentheoretisches Modell erfunden, um daran einerseits seine Kirchentheorie, anderseits seine Konzeption einer zeitgemäßen Seelsorge narrativ durchzubuchstabieren. Er wurde dadurch für den Bereich der praktischen Theologie
(im folgenden: PTh – selbst auf die Gefahr hin,
daß dies als Schleichwerbung für eine bestimmte
einschlägige Zeitschrift verstanden wird) der Initiator der „narrativen Theologie" – ein Jahrzehnt,
bevor auch gewisse systematische Theologen beiderlei Konfession Geschmack daran fanden! – und
zugleich der Inaugurator einer Diskussion, in der
nicht weniger auf dem Spiel steht als die Plausibi-

61

lität und Akzeptanz des Faches PTh selbst. Ja, man kann ohne Übertreibung sagen: in der es um die wissenschafts- und handlungstheoretische Sozialisation der PTh in der theologischen Gelehrtenrepublik geht. Dies alles wird sich im einzelnen zeigen, wenn wir diese Erzählung metapraktisch analysieren.

Rotkäppchen – benannt nach einem modischen Accessoir der 50er Jahre – ist ein Mädchen in der Adoleszenzkrise: nicht mehr Kind und noch nicht erwachsen-selbstverantwortlich. Mit narzißtischen Tendenzen ist auf dieser Altersstufe zu rechnen. Wie leider nicht selten, werden diese durch einen uneinsichtigen und wenig sensiblen Religionsund Konfirmandenunterricht eher verstärkt. Kein Wunder, denn die neueren Einsichten der PTh, insbesondere auf den Forschungsgebieten Religionspädagogik und Seelsorge, repräsentiert durch die Pioniere Wolf-Volkhart Eichner und Fulbert Rothügel, können sich in der überforderten älteren Pfarrerschaft noch nicht herumgesprochen haben.

So „genießt" Rotkäppchen einen noch nicht entideologisierten Religionsunterricht vom älteren Typ der „christlichen Unterweisung", in dem gegen alle entwicklungspsychologischen Einsichten – es sei nur erinnert an die schon sprichwörtlichen fünf Stufen der religiösen Entwicklung im Sinne von Jim Fowler – die Gesetzlichkeit des Be kenntniszwanges den Durchbruch des jugendlichen Selbstgefühls niederhalten.

Ein „Exodus" ist angesagt, wenn Rotkäppchen die Adoleszenzkrise überwinden und zur wahren „Freiheit eines Christenmenschen" im Sinne Luthers finden soll. Einsichtige Lehrer und Seelsorger mit umfassenderem Bildungshorizont, als bei Pfarrern erwartet werden kann, Seelsorger also vom Format eines Paul Cornelissen raten ihr – unter dem genannten Stichwort „Exodus" – zu einer themenzentrierten Interaktion.

An dieser Stelle kommt die andere Intention der Kurz'schen Modellerzählung zum Zuge: die Vorstellung einer ganz neuen Kirchentheorie. Erfahrungen unserer Jahre suggerieren die Auffassung, das Christentum – in Gestalt der herkömmlichen Kirche jedenfalls – sei eine Religion für die Landbevölkerung, eine religiöse Praxis für Gesellschaften von agrarischem Typus. Die Zahlen scheinen dafür zu sprechen: hohe Beteiligung am kirchlichen Leben auf dem Lande, niedrige und zurückgehende in der Stadt. Darum gibt es ja schon Arbeitsstellen für „Kirche in der Stadt" an theologischen Fachbereichen. Daß das Gegenteil historisch richtig ist, daß also das Christentum zuerst in den Städten Fuß faßte, muß die PTh jetzt nicht interessieren. Wohl aber die langfristig bedrohliche Praxis, Pfarrer, die man in der Stadt nicht mehr gebrauchen kann, dorthin zu versetzen, wo Fuchs und Hase sich gute Nacht sagen – in der

Meinung, dort könnten sie nichts verderben. Notabene: Pastor*innen* gibt es in diesem Zusammenhang nicht, den es gibt keine solchen, die man in der Stadt nicht gebrauchen kann.

Rotkäppchen wird also zum Modell für eine klarsichtige Seelsorgsstrategie, derzufolge sich die Kirche missionarisch um das neuheidnisch zu werden drohende sogenannte „flache Land" kümmern muß, dessen es ja im Norden Deutschlands genügend gibt. So kann denn die Geschichte beginnen.

Rotkäppchen unterzieht sich einem „Schwellenritus", auch „Passageritus" genannt, der zugleich Abschied (von der Kindheit) und Initiation (in die Verantwortung der Erwachsenen) ist. Der Ritus steht ganz im Zeichen des Neuaufbruchs – biblisch: „Exodus" – in die neue Lebenswelt. Von den Eltern religionspädagogisch klug unterstützt (sie könnten eine erleuchtete Predigt des Alttestamentlers Eduard Noordoem über den „Exodus-Gedanken" gehört haben), ist Rotkäppchen klar, daß es um einen Auszug aus der Stadt aufs Land geht. Dort wohnt glücklicherweise als Bezugsperson der themenzentrierten Interaktion die Großmutter in einem einsamen Haus im Wald, wie es sie im Dithmarschener Land immer noch gibt. Die zugleich kirchentheoretisch wie religionspädagogisch konzipierte Übung sieht vor, daß Rotkäppchen der Großmutter selbstgebackenen Kuchen –

selbstverständlich mit Zutaten aus biologischem Anbau – und Fliederbeerwein zu überbringen hat (Wein aus Weintrauben würde im Norden Deutschlands die Gepflogenheiten der sogenannten „sozialen Marktwirtschaft" mehr als theologisch und prophetisch zuträglich in Anspruch nehmen).

Unterwegs begegnet Rotkäppchen dem Wolf. Dieser ist – tiefenpsychologisch gut begründbar – Symbol der mit Klauen und Zähnen verteidigten, Freiheit niederhaltenden Tradition, die jede Bewältigung der Adoleszenzkrise verhindert. Es gelingt dem Wolf, Rotkäppchen aufzuhalten und es zu veranlassen, seinen Exodus zu unterbrechen, indem er sie zum Blumenpflücken verführt.

Norddeutsche wird dies verwundern – wissen sie doch nicht, wie eine blumenübersäte Wiese und ein blumengefüllter Wald aussieht. Aber die Geschichte ist ja, wie überzeitlich, so auch überregional. Die Symbolik ist jedenfalls klar: Die Blüten der Tradition haben immer einen Vorsprung an Verführungskraft.

Auch die Großmutter erliegt der Übermacht der Tradition. Anders ist das Symbol der vom Wolf verschlungenen Großmutter nicht zu deuten. Gleiches gilt von dem wenig später eintreffenden Rotkäppchen, das, verführt durch die Blumen, nicht einmal der bloßen Gewalt der Tradition, sondern mindestens zum Teil auch seiner eigenen jugendlichen Verführbarkeit zum Opfer fällt. Daß die Gesetzlichkeit der Tradition nicht endgültig obsiegt, ist jenen Vorgängen zu danken, die nicht ohne Grund unter der Überschrift stehen: *Dei providentia et ignorantia hominum* – frei übersetzt „durch Gottes Vorsehung und trotz der Dummheit der Menschen". Der Sieg der Tradition scheint nicht aufzuhalten. Aber „zufällig" kommt ein Jäger des Weges, Symbol für PTh als kritische Reflexikon auf das Handeln der Kirche und darum immer am Rande der Ausgrenzung aus Kirche und Gesellschaft. Der Jäger öffnet dem buchstäblich in der Tradition gefangenen Rotkäppchen den Weg zur Fortsetzung seines Exodus und befreit zugleich paradigmatisch die Großmutter, also das „flache Land", aus den Fesseln einer den lebendigen Glauben erstickenden, traditionellen Gestalt der Kirche.

Das Ende ist das „Feierabendmahl". Ist es wichtig zu entscheiden, ob es ein „richtiges" Abendmahl war? Es ist jedenfalls Ausdruck der bestandenen Aufgabe, der Identifikation aller Beteiligten mit der Zukunftsmacht der Sache des christlichen Glaubens, mit der Transformation von Tradition in neue Formen von Kirchesein, der Bedeutung der PTh für die Begleitung kirchlicher Sozialisation, kurz: für die Einheit von missionarischer, diakonischer und seelsorglicher Kirche.

# Rotkäppchen –
## kirchenrechtlich

Rotkäppchen stammt aus einer konfessionsverschiedenen Ehe. Und zwar, wie man nachkonziliar
nur mit Bedauern sagen kann: aus einer Zeit noch
unter dem Eherecht des *Codex Iuris Canonici*
(CIC) von 1917. Sie geriet damit in Probleme, die
unter dem neuen CIC von 1983 leichter zu lösen
wären. Denn das neue Kirchenrecht ist, wie gegen
uneinsichtige, an kirchenrechtliches Denken nicht
gewöhnte Theologen betont werden muß, die getreue Umsetzung der Neuorientierungen im Verständnis von der Kirche und ihrer hierarchischen
Verfassung, die das Zweite Vatikanische Konzil
eingeleitet hat. Gleichwohl – und dies ist voraus-
zuschicken – ist dem Kirchenrecht der Vorkonzils-
zeit und insbesondere dem Eherecht kein Vorwurf
zu machen. Ist es doch im Bereich des Rechtes der
getreue Sachwalter der amtlichen Vorgabe und insoweit auch in seinen abrogierbaren Setzungen
wahrhaft „Heiliges Recht", das teilnimmt am heiligen, gottmenschlichen Wesen der Kirche, der es
Struktur gibt „präzis wie die Mathematik", wie der
berühmte römische Kirchenrechtler an der La-

teran-Universität, Dino Stampa, so unübertrefflich formuliert hat.

Schweren Herzens hat sich die evangelische Mutter der Vorschrift des can. 1061 CIC (im folgenden stets CIC 1917, sofern nichts anderes vermerkt ist) gebeugt und ihr Kind in der katholischen Kirche taufen lassen. Die Kirche verkennt nicht die Härte einer solchen Forderung, aber sie kann ihr allgemeingültiges Recht, das Ausfluß ihres Selbstverständnisses als der wahren Kirche Jesu Christi ist, nicht nach individuellen Bedürfnissen richten, die diesem ihrem Selbstverständnis entgegenstehen. Dies gilt übrigens auch für die „Erleichterungen" im neuen CIC 1983, die die Kirche aus seelsorglichen Gründen gewährt hat, aber doch als Zugeständnisse betrachten muß, nicht etwa als Ausdruck einer gewandelten Auffassung von ihrem Wesen.

Für Rotkäppchen jedenfalls galt aufgrund ihrer Taufe, daß sie nach can. 87 *constituitur persona in ecclesia Christi* („sie wird als Person in der Kirche Christi begründet") – eine Bestimmung, die der unvergessene Nikolaus Morstadt in mehreren Untersuchungen so erleuchtet interpretiert hat. Sie konnte demnach alle Pflichten in der Kirche erfüllen, alle Rechte wahrnehmen, soweit dem nicht eine Sperre (*obex*) oder eine Kirchenstrafe (*censura*) entgegenstand. Das letztere konnte wegen fehlender Strafmündigkeit (vgl. can. 2226 in Verbindung mit can. 88, 89 und 2204) nicht in Be-

tracht kommen, so blieb nur die Möglichkeit
einer – selbstverständlich subjektiv unverschulde-
ten – Sperre.

Damit fingen allerdings für Rotkäppchen die Probleme an, weil das Verhalten ihrer konfessionsverschiedenen Eltern nicht den Bestimmungen des
kanonischen Rechtes entsprach. Denn es kam, wie
es kommen mußte – und warum es im Nachhin-
ein noch berechtigt scheint, daß die Kirche so
lange schärfsten Widerstand gegen konfessionsver-
schiedene Ehen geleistet hat (vgl. can. 1060): Die
Mutter hatte zwar der katholischen Taufe zuge-
stimmt, aber der katholische Vater, selbst beruf-
lich oft abwesend vom familiären Alltag, konnte
nicht verhindern, daß die Mutter, auch auf Druck
ihrer eigenen evangelischen Eltern, entgegen ihrem
Versprechen das Kind evangelisch erzog und in
den evangelischen Religionsunterricht schickte.
Getrennter Kirchgang war bald die Normalität,
denn der Vater hielt sich streng an die Bestimmungen von can. 1258 §§ 1 und 2 in Verbindung
mit can. 2316, die jegliche Gottesdienstgemein-
schaft (*communicatio in sacris*) mit einer nicht-
katholischen Sekte untersagten.

Zu dem Zeitpunkt, wo die bekannten Geschehnisse sich ereigneten, deretwegen Rotkäppchen
bald in aller Munde sein sollte, hätte sie längst zur
Erstbeichte und zur Erstkommunion geführt werden können und müssen (vgl. can. 854 § 4). Davon konnte natürlich keine Rede sein. Im Gegen-

teil, es dürfte eine Demonstration aus antirömischem Affekt gewesen sein, Rotkäppchen gerade zur Zeit von Erstbeichte und Erstkommunion zur Großmutter in den Wald zu schicken, denn damit ließ sich aus protestantischer Sicht gleich ein Mehrfaches verdeutlichen: einmal die grundsätzliche protestantische Kritik an allem Sakramentalen und damit überhaupt an allem Amtlich-Institutionellen, zum anderen das Prinzip „die Schrift allein", die – angeblich – alles Kultische durch Werke der Nächstenliebe ersetzt, und schließlich die Widerlegung aller katholischen Verdächtigungen, die reformatorische Theologie lege keinen Wert auf die Bewährung des „reinen Glaubens" im ethischen Handeln.

Was so, geschützt von der mütterlichen Sorge und Begleitung der Kirche, eine wunderbare kindgemäße Einübung in ein Leben in Glaube, Hoffnung und Liebe nach den Geboten Gottes hätte werden können, wurde unter den gegebenen Umständen ein typisch protestantisches Glaubensexercitium des einsamen Individuums. Rotkäppchen hatte „Aug in Auge mit Gott" zu handeln, wie vor Jahren einmal Clemens Kardinal Ratzeburg die protestantische Spiritualität treffend auf den Punkt gebracht hat. Dies konnte nur in einer Überforderung des Kindes enden, das auf geistliche Führung durch das in der apostolischen Sukzession stehende Amt schlechterdings angewiesen war. Das zeigt sich daran, wie hilflos es sich den

Einflüsterungen des Wolfes anvertraute. Ja, der auf die Klarheit der juridischen Kirchenstruktur verpflichtete Kanonist wird nicht anstehen zu sagen: Es zeigt sich hier die systembedingte Schwäche des protestantischen Individualismus. Von der durch keinen institutionell-kirchlichen Halt gestützten Entscheidung des auf sich gestellten Individuums bis zum Abgleiten in eine diffuse Naturreligion ist es oft nur ein kleiner Schritt – wie ja nicht zuletzt auch bedenkliche Entwicklungen im Bereich der gegenwärtigen sogenannten „feministischen" Theologie beweisen. Dagegen hilft nur ein Personalismus, der unbeugsam beim Vorrang der Person gegenüber der Natur verharrt – und der ist allemal in einer durch ein „heiliges Recht" gesicherten katholischen Kirchenstruktur besser aufgehoben als in einem protestantischen, nur vorgeblich „personalistischen" Individualismus.

Doch kehren wir zu Rotkäppchens Geschick zurück. Es gelang dem Wolf – der darum hier geradezu als Delegat des „Fürsten dieser Welt" (vgl. Joh 14,30) angesehen werden muß -, das Kind von der klar erkannten Weisung des göttlichen Rechtes, nämlich des vierten Gebotes, abzubringen und erfolgreich zur Befolgung seiner eigenen, gegen das Gemeinwohl von Kirche und Gesellschaft gerichteten Interessen zu verführen. Notabene: Diese Übertretung göttlichen Rechtes muß allerdings der Klärung im *forum internum* (vgl. gegebenenfalls can. 258) überlassen werden, da Rotkäppchen

einerseits noch nicht strafmündig und zu einem
Delikt im Sinne des kirchlichen Strafrechts noch
nicht fähig war, und da anderseits nach Lage der
Dinge das Fehlverhalten keine Gehorsamsverwei-
gerung gegenüber kirchlichen Vorgesetzten war, so
daß can. 89 in Verbindung mit can. 119 und 2214
§ 1 hier unberücksichtigt bleiben kann.

Wie die Kirche immer gelehrt hat, besteht die
eigentliche Strafe der Sünde in den wesens-
gemäßen Folgen der Tat selber und nicht in einer
äußerlich verhängten Strafmaßnahme. Das kirch-
liche Strafrecht, wiewohl ein ureigenes Recht der
Kirche (vgl. can. 2214 § 1), hat demgegenüber vor-
wiegend medizinalen Charakter (vgl. ebd. § 2). So
ist Rotkäppchens Geschick durch den als Großmutter verkleideten Wolf zunächst einmal die
immanente Strafe seiner Übertretung göttlichen
Rechtes, und einer von selbst eintretenden Tat-
strafe (*excommunicatio latae sententiae*) gemäß
can. 2217 § 1, 2°) bedurfte es nicht.

Allerdings ist die heilige Mutter die Kirche auch
in ihrem Strafrecht noch unerschöpflich barmher-
zig nach dem Vorbild ihres Herrn. Sie handelte
hier durch den Dienst eines hochgestellten Prä-
laten und Domkapitulars aus Rotkäppchens Hei-
matdiözese. Dieser war durch päpstliches Indult
unter Dispens von can. 138 berechtigt, in jener
Gegend der Jagd zu obliegen, da seine Familie dort
ein entsprechendes Erbpachtrecht hatte. Als er an
diesem Tag wieder seinen familiären Pflichten

nachkam, erkannte er sofort die Situation im Hause der Großmutter. Vor allem begriff er die wahre Natur des Wolfes und vollzog daraufhin den Exorzismus (Teufelsaustreibung) gemäß can. 1151 und 1152, wozu er kraft Delegation von seiten des Ortsbischofs die beständige Vollmacht hatte. So mußte der Wolf Rotkäppchen und die Großmutter wieder hergeben und sich zu dem davon machen, der ihn gesandt hatte.

Hat sich die Kirche hier im Sinne des Ersten Vatikanischen Konzils auch in ihrer „unerschöpflichen Fruchtbarkeit in allen guten Werken" (Denzinger-Hünermann Nr. 3013) als glaubwürdig erwiesen, so ist anderseits nicht verwunderlich, daß Rotkäppchen und die Großmutter gemäß dem evangelischen Bekenntnis ihre Rettung vor dem Tode allein auf Gottes unverdientes Erbarmen zurückführten und einen Dankgottesdienst mit anschließendem Festmahl feierten – was auch der Apostolische Stuhl keineswegs mißbilligen möchte. Damit ist zugleich gesagt, daß Rotkäppchen auch nach ihrer Rettung durch den Dienst des kirchlichen Würdenträgers keineswegs einen Anlaß sah, in den Schoß der Kirche zurückzukehren, in der sie getauft war. Dies sollte Folgen haben, die zum Zeitpunkt der Ereignisse noch nicht absehbar waren, aber später zusammen mit der wiederbelebten Erinnerung für heftige Diskussionen in den Medien sorgten.

Denn zum heiratsfähigen Alter herangewachsen,

gedachte auch Rotkäppchen, sich zu verehelichen. Und zwar naturgemäß mit einen jungen Mann evangelischen Bekenntnisses. Dies versetzte ihren – wie bekannt: katholischen – Vater in größte Gewissensunruhe. In der guten, aber unklug verfolgten Absicht, unter allen Umständen Rotkäppchen vor einer kirchlich nicht als gültig anerkannten Eheschließung zu bewahren, machte er dem künftigen evangelischen Schwiegersohn klar, daß seine Tochter mit ihm nur dann eine auch von der katholischen Kirche als gültig anerkannte Ehe eingehen könne, wenn er gemäß can. 1094–1103 nach katholischem Ritus vor dem katholischen Pfarrer und zwei Zeugen sich trauen lasse. Auf die erstaunte Frage, wieso denn in seinem Fall die Ehe zwischen ihm und der evangelischen Tochter ungültig sein solle, wo doch die Kirche sonst Ehen zwischen getauften evangelischen Christen gemäß can. 87 in Verbindung mit can. 1036 § 1 als gültig anerkenne, ja sie sogar gemäß ihrem Glauben als sakramental ansehe, erläuterte ihm der Vater, aufgrund einer – auf Rechtsicherheit bedachten – Entscheidung Papst Pius' XII. zu can. 1099 § 2 Satz 2 von 1949 sei für die katholische Formpflicht nicht die religiöse bzw. konfessionclle Erziehung, sondern ausschließlich die Taufe maßgeblich – und Rotkäppchen sei gemäß den kirchenrechtlichen Bestimmungen damals katholisch getauft worden, also Mitglied der katholischen Kirche. Und er vergaß auch nicht, realistisch, aber mit einem leise drohenden Unterton hinzuzufügen: Rotkäppchen habe im Falle einer evangelischen Trauung jederzeit die Möglichkeit, sich aus dieser Ehe wieder zurückzuziehen und einen anderen Mann zu heiraten, sogar einen Katholiken, denn kirchenrechtlich habe ja gar keine Ehe bestanden. Denselben Sachverhalt erklärte der Vater auch seiner Tochter, nicht ohne hinzuzufügen: Im Falle einer evangelischen Trauung könne ihr künftiger „Ehemann" jederzeit sich scheiden lassen und kirchlich neu heiraten, sogar eine Katholikin – selbstverständlich nach Einholung der nötigen päpstlichen Dispens, die aber der Ortsbischof im Rahmen der sogenannten Quinquennalvollmachten (das sind die alle fünf Jahre neu an die Bischöfe delegierten Dispensvollmachten des Apostolischen Stuhls) regelmäßig erteile.

Nun waren beide Nupturienten in ihrem evangelischen Glauben so verwurzelt, daß das Ansinnen, sich nach den Bestimmungen des katholischen Kirchenrechts richten zu sollen, ihnen als Zumutung erschien. Anderseits wollten beide sich auch nicht den vom Brautvater vor Augen geführten Gefahren aussetzen: Die Aufklärung über die kirchenrechtliche Lage hatte Zweifel in ihre Herzen gesät. Der junge Mann zog sich zurück und heiratete nach einigen Jahren eine andere junge Frau. Rotkäppchen aber blieb unverheiratet.

Reporter der Regenbogenpresse und Mitarbeiterinnen von Talk Shows stießen auf diese Vorgänge, erinnerten sich an die unvergessene Geschichte aus Rotkäppchens Kindheit und entfachten eine beispiellose Medienkampagne gegen die katholische Kirche, in der diese der Verletzung der Menschenrechte bezichtigt wurde. Dies wurde dem weisen Papst Paul VI., dem Vor-Vorgänger des regierenden Papstes, zum Anlaß, das geltende Eherecht auf seine Mißbrauchsmöglichkeiten einerseits und seine seelsorglichen Konsequenzen anderseits überprüfen zu lassen und 1970 in dem päpstlichen Erlaß *Matrimonia mixta* („Die Mischehen") das Kirchenrecht im Hinblick auf die konfessionsverschiedenen Ehen neu zu ordnen. Nach Erledigung einiger vergleichsweise einfacher Dispensformalitäten haben die konfessionsverschiedenen Brautpaare praktisch die freie Wahl der Trauungsform: katholisch, evangelisch oder gegebenenfalls sogar nur standesamtlich – und jedesmal unter voller Anerkennung der Gültigkeit. Alle bisherigen automatischen Exkommunikationen wurden abgeschafft, die in der Vergangenheit eingetretenen aufgehoben. Der neue CIC von 1983 übernimmt in can. 1124–1129 diese Neuregelung und ergänzt sie durch die Bestimmung, daß – im Gegensatz zur Anordnung Pius' XII. – Katholiken, die sich in einem förmlichen Akt von der Kirche getrennt haben, auch nicht mehr der kirchlichen Formpflicht unterliegen (can. 1117 CIC 1983).

Der „Fall Rotkäppchen" kann also nach 1970 nicht mehr passieren. Im Heiligen Jahr 2000 soll auf einem Internationalen Kirchenrechtler-Kongreß in Rom Bilanz gezogen werden, wie sich die Neuordnung des Eherechtes, die der „Fall Rotkäppchen" indirekt veranlaßt hat, in den vergangenen 30 Jahren bewährt hat, und ob sie der Kirche am Beginn des dritten Jahrtausends ihrer Geschichte einen Weg in die Zukunft eröffnet.

# Rotkäppchen –
# neutestamentlich

Die Geschichte von Rotkäppchen – wir übergehen hier, zur Vermeidung bloß gelehrter Fachsimpelei, die Frage, ob das der ursprüngliche Name ist und wie er auf aramäisch, der Sprache Jesu, gelautet haben könnte; vgl. dazu allerdings auch hier die einschlägigen Hypothesen des Kollegen vom Alten Testament! – die Geschichte von Rotkäppchen also liest sich auf den ersten Blick wie ein Gleichnis. Eine eindeutige Bildhälfte, ein ebenso klarer Sachgehalt, unwirkliche Züge in der Bildhälfte, die auf die Sachhälfte hinweisen (ein sprechender Wolf, zwei Menschen, die der Wolf offenbar unversehrt in seinem Magen unterbringen kann, aus dem sie ebenso unversehrt wieder errettet werden), eine durch und durch anschauliche, von abstrakten Begriffen freie Erzählweise, die, wie neuerdings auch die Gleichnisse Jesu, einer literaturwissenschaftlichen Analyse zugänglich ist.

Die *formgeschichtliche* Zuordnung zur Gattung der Gleichnisse stößt allerdings auf den zweiten Blick auf unüberwindliche Schwierigkeiten. Einmal ist bei Parabeln, im Unterschied zur Allegorie, nicht jeder Zug der Bildhälfte zu übertragen, viel-

78

mehr gibt es nur *ein* sogenanntes *tertium compa-rationis,* nur *einen* Zug, der von der Bildhälfte in die Sachhälfte zu übertragen ist und also die „Lehre" des Gleichnisses enthält. Bei der Rotkäppchen-Geschichte sind nun aber ganz offenkundig mehrere Vorgänge in der Bildhälfte sachhaltig, also zu übertragen. Zum anderen fehlt sowohl in der literarischen Form wie im Sachgehalt das eine große Thema der jesuanischen Gleichnisse: die Königsherrschaft Gottes. Die Erzählung fängt eben *nicht* an: „Mit der Königsherrschaft Gottes ist es wie mit einem jungen Mädchen namens Rotkäppchen, das ..." Und endlich sind auch die unwirklichen Züge nicht nur den Gleichnissen vorbehalten. Als sogenannte „Naturwunder", von denen weder ein Exeget noch ein Systematiker genau sagen kann, was an historischem Kern sich hinter diesbezüglichen biblischen Erzählungen verbirgt, finden wir sie auch in andere Jüngerbelehrungen einbezogen – man denke an die Tempelsteuermünze im Maul des Fisches (Mt 17, 27). Gerade diese letztere Geschichte gibt uns denn auch einen Fingerzeig: eine Abfolge von fragwürdigen Vorgängen mit einer eindeutigen moralischen Nutzanwendung am Schluß. Etwa so wie bei der Erzählung vom barmherzigen Samariter (Lk 10, 25–37) und bei der vom Pharisäer und Zöllner (Lk 18, 10–14). Es handelt sich, formgeschichtlich, um eine Beispielerzählung, in der die positive Hauptfigur Punkt für Punkt nachgeahmt werden soll. Die

moralische Quintessenz lautet: Wer Barmherzigkeit übt, ist immer bei Gott in Gnade und wird errettet, auch noch bei selbstverschuldetem Unglück.

Doch eben hier beginnen die *redaktionsgeschicht-
lichen* Komplikationen. Den sorgfältigen Forschungen von Joachim Isaias verdanken wir die
Sammlung „unbekannter Jesusworte" – unter
ihren auch die Rotkäppchen-Geschichte. Sein
„Enkel-Schüler" Timotheus Schramberg hat nach-
gewiesen, daß die Erzählung aber nicht so auf uns
gekommen ist, wie sie im Munde Jesu gelautet hat.
Ihr ursprünglicher „Sitz im Leben" ist der Streit
mit den Schriftgelehrten um die Abwägung zwischen Gesetz und Barmherzigkeit als Wegen zum
Heil, etwa im Zusammenhang von Mt 9, 10–13;
12, 1–8. Die uns überlieferte Fassung aber hat aus
der ursprünglichen Beispielerzählung eine soteriologische Predigt gemacht, deren Kerygma eindeutig einen von der paulinischen Theologie beein-
flußten Redaktor ausweist: Auf dem Weg durch
Leid und Tod, also auf dem Weg des Kreuzes, zur
Auferstehung! Nicht festzustellen war bisher, ob
auch die ursprüngliche Erzählung im Munde Jesu
einen historischen Kern hat oder ob sie nur auf
eine selbständige jüdische Erzählung zurückgeht,
die Jesus – ähnlich wie beim Gleichnis vom
großen Gastmahl – umgeformt hat. Vielleicht
kann der Altmeister für dieses Forschungsgebiet,

Nikolaus H. Hunzenbach, aufgrund seiner umfassenden Vertrautheit mit den jüdischen Quellen zur Zeit Jesu in naher Zukunft noch Licht in diese dunkle Frage bringen.

Die Interpretation muß sich natürlich an die uns überlieferte, also *paulinisch redigierte* Fassung halten – alles andere müßte sich letztlich auf unsichere Rekonstruktionen stützen. Demnach ist der erzählte Hergang folgender:
Rotkäppchen ist die Tochter wohlhabender Jerusalemer Gutsbesitzer mit Weinbergen im fruchtbaren Unterland zum Mittelmeer hin. Die im Unterland wohnende Großmutter mit den landesüblichen Grundnahrungsmitteln Brotfladen und einfachem Wein zu versorgen, ist eine Selbstverständlichkeit ihres Glaubens. Sie folgen dabei dem prophetischen Lobpreis der Barmherzigkeit – was ja für Jesus der Anknüpfungspunkt und für den paulinischen Endredaktor die Erinnerung an Gal 5, 6 und die paulinische Parainese ist. Es bedurfte dazu für die Eltern nicht einmal des vierten Dekaloggebotes. Zudem könnte auch ein Gedanke schon Pate gestanden haben, der später im Hebräerbrief unter dem Stichwort „Väter und Mütter im Glauben" (Heb 11!) groß ausgearbeitet wird. So wird Rotkäppchen losgeschickt. Unterwegs begibt sich die Begegnung mit dem Wolf. Zum formgeschichtlichen Problem siehe oben, zur Sache wird sogleich noch das Nötige zu sagen sein. Es gelingt

dem listigen Tier, Rotkäppchen davon zu überzeugen, daß die Gaben für die Großmutter aus sachlichen und theologischen Gründen ergänzungsbedürftig sind: Der Mensch lebt nicht nur vom Brot allein – sondern auch von Kräutern und Früchten. Rotkäppchen erliegt guten Gewissens dem versucherischen Ansinnen einer subtilen „Gerechtigkeit aus den Werken", eines heimlichen Leistungsdenkens, es verläßt sich nicht ausschließlich auf das Wort der Verheißung, sondern „tut das Böse, das es nicht will" (vgl. Röm 7) und ermöglicht damit dem Wolf den unbemerkten Vorsprung bei der Großmutter. Diese, arglos und verletzlich wie alle, die auf Barmherzigkeit statt auf Gesetzlichkeit hin leben, erliegt ebenso wie Rotkäppchen den Versuchungskünsten des Wolfes, von dem ja nicht von ungefähr das Weisheitswort vom „Wolf im Schafspelz" gilt. Sie bezahlt es mit dem grausamen, gewaltsamen Tod des gerechten Propheten – so scheint es jedenfalls. Rotkäppchen, mit Gedanken voller *kaúchesis,* voller Selbstruhm wegen der ergänzten Geschenke beim Haus der Großmutter ankommend, sollte mit diesen alsbald zuschanden werden. Tief in Anfechtung ob des veränderten Aussehens der „Großmutter", „innen" den „reißenden Wolf" (vgl. Mt 7, 15) nicht erkennend, läßt sie sich abermals auf ein Gespräch mit dem Wolf ein, an dessen Ende der Wolf, wie es seine Art ist, die Beherrschung verliert und auch Rotkäppchen verschlingt – buchstäblich wie ein unschuldiges Lamm. Jesu Erzählung nimmt hier sein späteres Wort vorweg: „Seht, ich sende euch wie Lämmer unter die Wölfe" (Mt 10, 16).

Der Abschluß der Geschichte trägt eindeutig mythologische Züge, die auch Jesus selbst schon in der ursprünglichen Fassung keineswegs tilgen mochte. Sie besagen, daß Leiden und Sterben um der Barmherzigkeit willen die Bedeutung einer Stellvertretung haben, aus der neues Leben auf die anderen übergeht. Es bedarf dazu nur dessen, der sie gleichsam in Kraft setzt, hier versinnbildet durch die Figur des Jägers. Und es ist – wie könnte es bei neuem Leben durch Gott auch anders sein – ein Leben in Freude und Friede, im jüdischen Kontext ohne Festmahl undenkbar.

Um die Auslegung dieser, wie gesagt, kerygmatisierten Beispielerzählung Jesu hat sich besonders Egbert Rauhe einen Ehrenplatz in der Forschungsgeschichte verdient. Im Munde Jesu, wie schon angedeutet, richtet sich die Geschichte an die Adresse derer, die den Buchstaben des Gesetztes über die situationsgerechte Pflicht zur Barmherzigkeit stellen, und sagt ihnen: „Selbst wer beim Werk der Barmherzigkeit teuflischer Versuchung erliegt, fällt nicht aus dem Heil heraus." Die Kerygmatisierung entgrenzt und universalisiert natürlich die gruppenspezifische Mahnung. Rotkäppchen ist ein soteriologisches Modell, an dem der Weg des Menschen in das Heil Gottes demonstriert wird. Im Klartext: *Rotkäppchen – das sind wir alle.* In ihm sollen wir uns selber erkennen und verstehen. So analysiert, verschlingen sich in dieser Verkündigungserzählung vier Motive.

1. Da ist das Motiv der christlichen Diakonie. Im Hintergrund steht die paulinische Parainese, insbesondere Gal 6. Der Indikativ will zum Imperativ werden. Der Glaube wirkt durch die Liebe, und das Gesetz Christi erfüllt, wer des anderen Last trägt. Ausdruck dieses grundlegenden Zusammenhanges ist der Korb mit Brot und Wein, Symbol des zum Leben Notwendigen. Und es ist die subtile *parábasis,* die „Übertretung" Rotkäppchens, dieses Symbol durch Ergänzung von bloß Erfreulichem verfälscht zu haben. Nein, in der Sorge für das *Lebensnotwendige* und nur darin soll sich ganz konkret die *koinonía,* die solidarische Gemeinschaft mit der Großmutter gleichsam verleiblichen.

2. Das andere Motiv ist der Wolf als Symbol satanischer Bedrohung des menschlichen Heils. Feierliche Stellen belegen diese Sinndeutung: Mt 7, 15; 10, 16; Jo 10, 12; Apg 20, 29. Er bringt Rotkäppchen vom rechten Weg ab und lenkt ihre Aufmerksamkeit vom einzig Notwendigen weg – ein ganz typisch biblisches, ja neutestamentliches Motiv.

3. Das dritte Motiv ist das unheilsgeschichtliche Moment, ausgedrückt im Erfolg des Wolfes, die

diakonische Absicht Rotkäppchens und damit die kerygmatische Bedeutung ihres Handelns radikal in Frage zu stellen. So wird aus der Rotkäppchen-Geschichte gleichsam ein Abriß der Unheilsgeschichte. Der Mensch verweigert sich – seiner Meinung nach in bester Absicht – seinem göttlichen Auftrag und überläßt dem Widersacher Gottes das Feld. Es ist die Zeit der Langmut Gottes (vgl. Röm 2, 4; 3, 26), die es zuläßt, daß innergeschichtlich der Widersacher der Absicht Gottes zuvorkommt.

4. Das vierte Motiv ist das der endgültigen Zurechtbringung. Das Auftreten des Jägers hat messianische Bedeutung, sein Handeln überwindet das Unheil, der Unheilsbringer wird in den ewigen Tod gestürzt.

Diese kerygmatischen Motive bündeln sich im Zuge der theologischen Auslegung zu einer Gesamtinterpretation, einer Beobachtung und einer Botschaft.

*Die Gesamtinterpretation:* Die Rotkäppchen-Geschichte ist das komplementäre, soteriologische Modell zu dem vom leidenden Gottesknecht. Um dem naheliegenden Einwand gleich vorzubeugen: Wenn wir schon überhaupt mit echten Jesusworten außerhalb der kanonischen Überlieferung rechnen, warum sollen wir dann ausschließen müssen, daß es auch weitere authentische soteriologische Interpretamente über die in den kanonischen Schriften hinaus geben kann? Die Komplementarität besteht darin, daß der Gottesknecht für die stellvertretende Übernahme der Schuld durch Jesus steht, also sozusagen die harmartiozentrische Dimension des Erlösungsgeschehens repräsentiert, während Rotkäppchen für die Eröffnung neuen Lebens in der Solidarität aller steht: der Begüterten mit den Armen, der Gesunden mit den Kranken, der Jungen mit den Alten, der Frauen mit den Männern. Kein Zweifel, diese positive Dimension des Erlösungsgeschehens ist im Laufe der Christentumsgeschichte immer wieder zu kurz gekommen, besonders in einer – nicht Luther selbst anzulastenden – enggeführten lutherischen Tradition. Insofern ist es nicht ohne theologiegeschichtliche Tragik, daß der so notwendige Gegenakzent, den die Rotkäppchen-Geschichte gerade in ihrer kerygmatisierten Version bereithält, durch die Kontingenzen der Kanonbildung keine nachhaltige Wirkungsgeschichte entfalten konnte.

*Die Beobachtung:* Stößt man erst einmal in solches Neuland der Forschung vor, dann kann wohl nicht lange unbeachtet bleiben, daß die Geschichte auch ein deutliches Wort zur Frauenfrage sagt. Darauf kann hier leider nicht andeutungsweise genauer eingegangen werden – das muß einer eigenen Reflexion vorbehalten bleiben. Nur soviel: Kaum zufällig sind die positiven Haupt-

figuren allesamt Frauen. Der Vater bleibt völlig im
Schatten: er dürfte höchstens den Wein geerntet
und gekeltert haben. Die Fladen hat unstreitig die
Mutter gebacken. Ganz gegen den Zeitgeist wird
die Tochter, nicht ein Sohn auf den gefährlichen
Weg geschickt, und das Ziel ist wiederum eine
Frau. Und der Jäger? Seine Funktion kommt ja
über die Funktion eines Hilfsdienstes zum Leben
gar nicht hinaus. Er spiegelt also eher ein fernes
Licht vergangenen Matriarchates, ähnlich wie Gen
2, 24, wonach der *Mann* die eigene Familie verläßt, um in die der Frau einzutreten, nicht umgekehrt.

Die unbedeutende Rolle des Mannes verstärkt
sich schließlich im Blick auf *die Botschaft.* Der
Schluß der Erzählung hat klar mythologischen
Charakter. Auch hier gilt Bultmanns bekannter
Satz abgewandelt: Wir können nicht elektrisches
Licht und Radioapparate benutzen und daran
glauben, daß zwei Menschen unversehrt aus dem
Bauch eines Wolfes herausgeholt und in dieses Leben zurückgeführt werden. Auch erweist die un-
verkennbare Verwandtschaft mit der Jona-Ge-
schichte in dieser Hinsicht Rotkäppchen als eine
sekundäre Bildung. Sollte die Geschichte einen
historischen Kern haben, so ist schmerzlicher-
weise davon auszugehen, daß die Großmutter und
das Mädchen tatsächlich von dem Wolf zerrissen
wurden. Wie man es auch wendet: Rotkäppchen

ist buchstäblich in das neue Leben der *anderen* in christlicher Eigentlichkeit hinein errettet worden. Des Jägers bedurfte es dazu nur aus Gründen der Schlüssigkeit der Erzählung – was seine obsolete Nebenbedeutung erhellt. Auf diesen Umstand hat Henning Petersen schon vor Jahren in einem subtilen Essay hingewiesen.

Damit ist nun die Botschaft der Rotkäppchen-Geschichte klar: *Rotkäppchens Sache geht weiter!* Die Geschichte ist – als soteriologisches Modell – ein Interpretament, ja ein Kompendium biblischgläubiger Existenz. In ihr erkennen wir Zuspruch und Anspruch, Gabe und Auftrag, Indikativ und Imperativ, Kerygma und Parainese, kurz: den Wandel vom Alten zum neuen Äon, in den wir versetzt werden. So kann der Neutestamentler hier nur den erleuchteten Worten seines Kollegen von der Systematischen Theologie zustimmen, mit denen er die Botschaft der Rotkäppchen-Geschichte auf den Punkt brachte (siehe oben): „So zeigen Rotkäppchen und die Großmutter sich als paradigmatische Figuren jener die Zeit und Geschichte transzendierenden Sinntotalität des Menschen, in der Tod und Leben, Leiden und Freude, Untergang und Auferstehung, Handeln und Empfangen, Freiheit und Gnade, Kerygma und Mythos, Existenz und Essenz, Individualität und Sozialität dialektisch miteinander vermittelt und paradox identisch sind, jener Sinntotalität, die im Dunkel

88

menschlichen Fragens erahnt, im Hell-Dunkel des Glaubens *er*griffen, in der Taghelle systematisch-theologischer Reflexikon aber allererst umfassend *be*griffen wird."

Zu welcher Taghelle der Neutestamentler aber, wie diese Untersuchung beweist, seinen gewichtigen Beitrag leistet!

# Rotkäppchen –
## feministisch-theologisch

„... daß die Geschichte (von Rotkäppchen) auch ein deutliches Wort zur Frauenfrage sagt" – meint der Kollege vom Neuen Testament am Ende seines Rotkäppchen-Kommentars hervorheben zu sollen (vgl. den vorangehenden Beitrag gegen Schluß). Das ist die typische Anbiederung des Patriarchen, der mit der Zeit gehen, aber dennoch Patriarch bleiben will. Feministische Theologinnen werden nicht darauf hereinfallen. Die Rotkäppchen-Geschichte ist nicht *ein* Wort zur Frauenfrage, sie ist *das* Wort zur Frauenfrage!

Der Vater bleibe ganz im Hintergrund – meint der Neutestamentler? Rotkäppchen stammt aus einer völlig vaterdominanten Familie. Der Jäger als Helfer zum Leben? Daß der Patriarch doch einfach nicht darauf verzichten kann, immer nur von *seiner* „Leben" spendenden Bedeutung zu faseln! In Wahrheit ist gerade die Figur des Jägers, wie sich noch zeigen wird, verfälschende patriarchale Redaktion der ursprünglich ganz anders ausgehenden Geschichte. Und der Wolf als Inbegriff des Bösen? Welche Diffamierungen hat das friedliche,

90

umweltfreundlich kranke und verendete Tiere be-
seitigende Geschöpf nicht schon alles zu erdulden
gehabt! Der Wolf als Inbegriff des Bösen – das
sind Männerphantasien, die nur eine Absicht
haben: das Feindbild des Mitgeschöpfs festzuhalten, wo dieses dem Mann-Menschen das alleinige
Verfügungsrecht über die gute Schöpfung streitig
macht. Nein, es war alles ganz anders. Die Geschichte von Rotkäppchen ist – im unverfälschten
historischen Kern wie in ihrer literarischen Gestalt
– die Geschichte der Frauen-Emanzipation.

Rotkäppchen entstammte also einem vaterdominanten Elternhaus – wie im Spätmittelalter, die
Zeit des historischen Kerns der Geschichte, nicht
anders zu erwarten war. Schon der Name „Rotkäppchen" ist patriarchale Verharmlosung durch
den Redaktor. Das Mädchen zeigte sich natürlich
nur „züchtig" verschleiert – um bei niemanden die
Habgier auf das „Kleinod" des Vaters zu wecken.
Darum ließ der Vater die Tochter auch nie allein
aus dem Haus. Ihre Stellung in der Familie entsprach der Männerhierarchie mit der aus den Untersuchungen von Corinna Dahlroth und Rosa
Elisabeth Amsel bekannten Abfolge: Mann – erb-
berechtigter Sohn – andere Söhne – Ehefrau –
Töchter – Knechte bzw. Gesellen – Mägde.
Nun ist es für Mittelalter-HistorikerInnen eine be-
kannte Tatsache, daß es das ganze Mittelalter hin-
durch immer wieder Frauen gab, die ungeachtet

der herrschenden und von den meisten Frauen auch internalisierten Frauendiskriminierung immer wieder die erstaunlichsten intellektuellen Durchbrüche durch die herrschende Ideologie und praktischen Ausbrüche aus den herrschenden Unterdrückungsstrukturen zuwege brachten. Und dies nicht etwa mit den sprichwörtlichen „Waffen einer Frau", also ihren „männermordenden" Verführungskünsten, wie sich die Übertölpelten dann gern herausreden, sondern durch die ursprüngliche Überlegenheit ihrer Einsicht und kreativen Kraft. So auch bei Rotkäppchen. Eines Tages, als der Mann gerade einmal außer Hauses war und die Söhne und Knechte nicht zuhören konnten – gottlob war das „Frauenzimmer" denn doch für die Männer tabu! –, rief die Mutter ihre Tochter zu sich und besprach mit ihr einen raffinierten Plan. Sie sollte unter dem Deckmantel eines Werkes der Barmherzigkeit die Großmutter besuchen und mit ihr sozusagen einen „Drei-Generationen-Plan" zur Frauenbefreiung ausarbeiten. Dem Vater sagte sie, die Großmutter sei krank und bedürfe aus Gründen des 4. Gebotes der Hilfe. Deshalb müsse Rotkäppchen ihr mit nahrhaftem Bio-Brot – was denn sonst in der vorindustriellen Welt des Mittelalters! – und frisch gekeltertem Wein eine Stärkung überbringen, da sie sich zur Zeit selbst nicht helfen könne. Den Einwand, es sei doch sicherer, wenn einer der Söhne sich auf den Weg mache, versuchte die Mutter mit dem nicht eben durchschlagenden Argument zu entkräften, es handle sich doch um *ihre* Mutter, um Rotkäppchens Großmutter mütterlicherseits. (Man muß hier wissen: Was die männliche Kirchengeschichtsforschung nicht herausgefunden hat, vgl. oben *Rotkäppchen – kirchengeschichtlich,* das nachzuweisen ist der Frauenforschung gelungen: Es handelte sich um die Großmutter mütterlicherseits). Den Vater überzeugte dieses Argument natürlich nicht, und er bestand darauf, daß Rotkäppchen den, wie er meinte, gefährlichen Weg in Begleitung des kräftigsten der Brüder antreten sollte. Die Mutter stimmte zu – mit einem vom Vater unbemerkten Augenzwinkern zu Rotkäppchen hin.

So machten sich also Rotkäppchen und ihr Bruder auf den Weg. Auf dem unvermeidlichen Weg durch den Wald begegnete ihnen ein Wolf. Und hier ist nun eine methodische Zwischenbemerkung erforderlich. An dieser Stelle beginnt in der literarischen Überlieferung der Geschichte die redaktionelle Verfälschung im Interesse des Patriarchats. *Spätestens* hier. Denn natürlich war sie auch schon vorher im Spiel. Aber bis hierhin kam der Redaktor noch mittels bloßen Weglassens wichtiger (oben geschilderter) Details. Ab hier aber muß er direkt verfälschend eingreifen und die Geschichte wahrheitswidrig umschreiben. Es ist der historischen Frauenforschung, vor allem ihrer Protagonistin, Lisa Göss-Homme, erst in jüngster Zeit gelungen, durch Anwendung literarkritischer Methoden, wie sie aus der biblischen Exegese geläufig sind, die ursprüngliche Gestalt der Geschichte zu rekonstruieren und die redaktionelle Bearbeitung als das zu entlarven, was sie ist: Fälschung. Es ist nach allen Erfahrungen mit der männlichen Wissenschaft kein Wunder, daß dies erst so spät gelang. Und doch ist es ein wunderbares Beispiel, wie die Patriarchen am Ende mit ihren eigenen Waffen geschlagen werden können.

Rotkäppchen und ihr Bruder begegneten also dem Wolf. Für Rotkäppchen hatte das gar nichts Erschreckendes. Als Frau hatte sie sich trotz des frauenfeindlichen gesellschaftlichen Kontextes ihre innere Harmonie mit ihren Mitgeschöpfen bewahren können. Umgekehrt führte auch der Wolf nichts Böses im Schilde – er wollte sich einfach mit Rotkäppchen unterhalten. Anders reagierte der Bruder. Typisch Mann, wurde er erst von Panik ergriffen, dann erwachte seine Aggressivität. Er nahm den erstbesten abgebrochenen Ast vom Boden und ging auf den Wolf los. Das Tier, wehrloser, als man ihm gemeinhin zutraut, ergriff die Flucht, um eine Hoffnung auf mitgeschöpfliche Kommunikation ärmer.
Immerhin, mit genau dieser Reaktion hatte Rotkäppchen gerechnet – und so auch die augenzwinkernde Mutter genau verstanden. Sie nutzte die

kurze Abwesenheit des Bruders, der hinter dem Wolf her war, um ihn abzuschütteln und ihren Weg allein fortzusetzen. Zunächst pflückte sie noch eine Reihe von Heilkräutern – und nutzte dabei das Geheimwissen weiser Frauen, das ihr ihre Mutter mitgeteilt hatte und das dank der Stupidität der Männer nie durch die Türen des „Frauenzimmers" gedrungen war. Dann setzte sie ihren Weg fort und langte wohlbehalten bei der Großmutter an. Der Wolf war auch schon bei ihr – er lag friedlich und von der Großmutter mit Resten ihrer Mahlzeit versorgt, neben ihrem Sessel. Rotkäppchen überbrachte ihre Geschenke und besprach mit der Großmutter den „Drei-Generationen-Plan". Der sah vor, zu gegebener Zeit mit der Unterstützung von Frauen aus allen drei Generationen die patriarchalen Strukturen der Gesellschaft (und der Kirche) zuerst zu verunsichern – durch feministisch-theologische Basisarbeit –, dann zu unterlaufen – durch Eindringen in berufliche Männerdomänen, getreu dem alten (vorfeministischen!) Stichwort vom „Marsch durch die Institutionen" –, und schließlich zu stürzen durch Wiedererrichtung des Matriarchates. Frauen und Töchter mochten die Männer vielleicht noch kleinhalten können. Der geballten Wucht dreier Generationen würden sie nicht standhalten können. Der Wolf hörte dieser Strategie-Debatte aufmerksam zu und dachte sich sein Teil in Erinnerung an seine Auseinandersetzung mit Rotkäpp-

chens Bruder. Anschließend hielt man ein Festmahl, bei dem ganz selbstverständlich auch der
Wolf zu Gast war.

Und die Sache mit dem Jäger, der angeblich Rotkäppchen und die Großmutter dem Bauch des
Wolfes entrissen hat? Nun, sie hat einen historischen Kern – der aber durch den Redaktor bis zur
Unkenntlichkeit entstellt wurde. Kurze Zeit nämlich, nachdem Rotkäppchen sich auf den Weg
gemacht hatte, gelang es auch der Mutter, in
einem unbewachten Moment das Haus zu verlas-
sen. Als Rotkäppchen und die Großmutter gerade
ihre Konferenz abgeschlossen hatten, stieß die
Mutter zu ihnen und wurde mit lautem Hallo be-
grüßt. Nach Hause zurückzukehren, hatte sie
natürlich nicht vor. Sie wollte mit Mutter und
Tochter auf ihre Stunde warten.
Der Vater aber suchte tagelang vergeblich nach
seiner Frau. Auf den naheliegenden Gedanken,
sie könnte bei der Großmutter sein, kam er
nicht. Seine Vorstellungen waren vielmehr typisch
männlich: Entweder war sie auf dem Weg des Ehe-
bruchs – oder sie war in ein Kloster eingetreten.
Als er sie einfach nicht mehr fand, starb er vor
Gram. Er – nicht die beiden Frauen – war der
Leidtragende dieser Geschichte. War es auch ein
verdientes Schicksal, so kann man doch einen Anflug von Mitleid nicht unterdrücken: Warum war
es denn unmöglich, zu einer neuen Gemeinschaft

von Frauen und Männern zu finden? Aber nein! Der *Redaktor* weist der männlichen Nachwelt den Weg aus der Klemme: Der Mann sucht – und wird zum Erlöser der Frauen!

In Wahrheit aber leben Rotkäppchen, ihre Mutter und die Großmutter in den heutigen Frauen noch immer. Sie *leben* „Gott" in ihrer heilen Beziehung – wozu Dorothea Söllinger, Carter Heyman und Elisabeth Schüssling-Firenze das Nötige gesagt haben. Und wenn die Stunde kommt – und sie ist schon da –, dann treten sie aus ihrer Verborgenheit heraus und künden der Welt die alte und neue Frohbotschaft von der Gottheit der biblisch-christlichen Überlieferung, die sich den *Frauen* offenbart hat.

# Rotkäppchen –
## ein bischöfliches Hirtenwort

Liebe Schwestern und Brüder in Christus!

Viele Christinnen und Christen unserer Tage, wer
wüßte es nicht, leiden daran, daß Glaube und Kirche in der Welt von heute zunehmend an Einfluß
und Bedeutung verlieren. Säkularismus, Liberalis-
mus und Individualismus in unserer Gesellschaft,
die unser Heiliger Vater, Papst Johannes Paul II., in
seinen Apostolischen Schreiben der letzten Jahre
anzuklagen nicht müde wird, verführen die Menschen immer mehr dazu, nur noch sich selbst zu
suchen. Besitz, Erfolg, Gewinn, Karriere und eine
falsch verstandene Selbstverwirklichung sind zu
den höchsten Gütern geworden. Weil aber Gott,
Jesus Christus, Religion, Kirche, christliches Leben
sich nicht in bare Münze und Aktienkurse um-
rechnen lassen, stirbt die Frage danach ab, werden
die Menschen verhärtet gegenüber dem Anruf aus
der unsichtbaren Wirklichkeit Gottes. Vor unseren
Augen und Ohren greift jener praktische Atheis-
mus und Materialismus um sich, von dem das
Zweite Vatikanische Konzil in der Pastoralkonsti-
tution „Über die Kirche in der Welt von heute" ge-

radezu prophetisch vorausgesagt hat: Menschen „nehmen die Fragen nach Gott nicht einmal in Angriff, da sie keine Erfahrung der religiösen Unruhe zu machen scheinen und keinen Anlaß sehen, warum sie sich um die Religion kümmern sollten" (Art. 19). Wir Christen, die wir nicht von Gott lassen wollen, gelten dann als altmodisch, verschroben, als Menschen von gestern. Wo ist das herausfordernde Glaubenszeugnis, liebe Schwestern und Brüder, das die „religiöse Unruhe" weckt, wo sie nicht vorhanden ist, und ihr das rechte Ziel weist, wo sie aufgebrochen ist?

Da kommt uns nun ein Ereignis zu Hilfe, das ich nicht zögere, eine Gabe des Heiligen Geistes zu nennen, der der Kirche beisteht bis ans Ende der Welt (vgl. Mt 28,20; Joh 16,13–15). Sie alle haben in den letzten Wochen in den Medien die ausführlichen Berichte über die Tat einer jungen Christin gelesen, gehört oder gesehen, die exemplarisch ihren christlichen Glauben in jeglicher Hinsicht bezeugt und uns vorgelebt hat. Ich meine jenes junge Mädchen, das – zum Schutz ihrer Anonymität – als „Rotkäppchen" bezeichnet wird. Die Botschaft ihres christlichen Zeugnisses läßt sich in drei Kernsätzen zusammenfassen, die ich Ihnen in diesem „Hirtenwort zur österlichen Bußzeit" zur Besinnung vorlegen möchte.

## 1. „Glaubwürdig ist nur die Liebe"

Dieses Wort des verstorbenen, von unserem Heiligen Vater besonders hochgeschätzten Theologen Hans von Melchior könnte wie eine Überschrift über dem stehen, was Rotkäppchen getan hat. Glaubwürdig war zunächst die Liebe zu ihren Eltern. Nicht gezwungen, sondern buchstäblich in der Freiheit der Kinder Gottes, das heißt aus Liebe, folgte sie der Weisung von Vater und Mutter, der Großmutter den Dienst der Liebe zu erweisen. Dies war darum nicht nur eine Tat der Liebe zu ihrer Großmutter, sondern auch und zuerst eine Tat des Gehorsams im Sinne des 4. Gebotes: Du sollst Vater und Mutter ehren. Ja, eines heroischen Gehorsams! Denn er war nur zu leisten aufgrund der Tugend der Tapferkeit, die das junge Mädchen aufbringen mußte, um allein durch den Wald zu gehen. Wer erinnert sich denn nicht durch aktuelle Fernsehsendungen, wie gefährlich solche einsamen Wege durch den Wald heute sind? Die nötige Tapferkeit, die die natürliche Angst überwindet, konnte Rotkäppchen nur aufbringen durch ein grenzenloses Gottvertrauen, das ihr eine unerschütterliche Hoffnung auf den Gott einpflanzte, der uns verheißen hat, daß wir unter seinen Flügeln sicher geborgen sind (Ps 36,8; 91,4).
Sodann aber galt ihre Liebe der Großmutter. Daß sie ihr etwas zu essen und zu trinken bringen

wollte, ist keineswegs eine Banalität. Unsere Gesellschaft ist so altenfeindlich, wie sie kinderfeind-
lich ist, und so ahnen wir oft nicht mehr, wie
mühsam es für alte Leute werden kann, sich etwas
zu essen und zu trinken herzurichten. Rotkäppchen hat zusammen mit ihren Eltern die elemen-
tare Voraussetzung der Liebe erfüllt, über die wir
auch mit unseren evangelischen Schwestern und
Brüdern trotz aller immer noch trennenden Unterschiede zwischen unseren Kirchen vollständig
einig sind: Sie hat sich in die *wirkliche* Not des
Nächsten, in diesem Falle der Großmutter, hinein-
gedacht und hineingefühlt und dann entschieden
in die Tat umgesetzt, was der Not der Großmutter
wirklich aufhalf. Sie hat zudem alles noch in einer
ansprechenden Weise hergerichtet und verpackt,
weil sie wußte – ohne dazu einer tieferen theologischen Theorie zu bedürfen –, daß Menschen untereinander nicht nur materielle Güter, sondern
auch Zeichen der Liebe brauchen, die zweckfreien
Gesten und Symbole, die nichts anderes aus-
drücken wollen als: Ich bin dir in Liebe zugetan,
ich will, daß du dich freust, oder mit den Worten
des großen Kirchenlehrers Thomas von Aquin: Ich
will dir in Freundschaft verbunden sein (vgl.
Summa Theologiae, II-II 23,1).
So sehen wir: Rotkäppchen hat dadurch ihren
Glauben so überzeugend vorgelebt, daß sie eine
ganze Reihe wesentlicher christlicher Tugenden
verwirklichen mußte und zu verwirklichen wußte,

bevor sie überhaupt einen Schritt aus dem Elternhaus hinaus tat.

## 2. Liebe ist immer gefährdet

Wir haben nun alle erfahren müssen, daß es Rotkäppchen nicht vergönnt war, den Königsweg der
Tugenden unbehelligt zu Ende zu gehen. Ja, *eine*
Tugend hat sie, wenn auch verzeihlich in ihrem
zarten Alter, vermissen lassen: die Tugend der
Klugheit. Gemäß der Weisung des Herrn „Seid
klug wie die Schlangen und arglos wie die Tau-
ben" (Mt 10,16) weiß die christliche Klugheit zu
unterscheiden zwischen den richtigen und den
falschen Mitteln zum Ziel. Das Ziel ihres christlichen Handelns war Rotkäppchen leuchtend klar.
Aber ihre kindliche Unerfahrenheit machte es ihr
trotz der eingegossenen Tugend der Gottes- und
Nächstenliebe, der Mutter aller Tugenden (vgl.
Katechismus der Katholischen Kirche, Nr. 1826–
1827), unmöglich zu bemerken, daß vom vorge-
zeichneten Wege abzuweichen, und wäre es auch
um eines Blumenstraußes willen, nicht der rechte
Weg zum Ziel sein konnte. Wer will es freilich
dem jungen Ding verargen, daß es von dem
Wunsch beseelt war, die Zeichen der Liebe noch
durch einen Strauß von Blumen aus Gottes schöner Natur zu ergänzen und zu krönen? Rotkäppchen fand sich in einem echten Gewissenskon-

flikt, in einer Güterabwägung, der es noch nicht gewachsen sein konnte. Die Liebe war dadurch gefährdet, insofern Rotkäppchen ängstlich werden konnte, sich noch einmal auf den Mut zur Liebe einzulassen.

Mit diesem sittlichen Fehlverhalten, gleichsam als dessen Rückseite, war ein anderes Versagen unmittelbar verbunden: die Selbstüberschätzung. Auch sie ist zwar verzeihlich, denn sie entsprang nicht einen bewußten Willen, die Tugend der Demut hintanzustellen, wie das bei einem erwachsenen Christen zu vermuten wäre. Nein, auch hier war eher kindliche Unerfahrenheit im Spiel. Wir sehen daran: Auch unter der Herrschaft der Liebe sind nicht automatisch alle Tugenden zugleich gegeben. Liebe ist gefährdet, weil sie ein Leben lang lernen muß und dabei auch Fehler macht.

Immerhin mußte auch Rotkäppchen später, als alles doch noch ein glückliches Ende genommen hatte, ihr Gewissen erforschen, ob sie es nicht an der auch in ihrem Alter schon möglichen Aufmerksamkeit hat fehlen lassen. Jede Gewissensentscheidung – Sie wissen es, liebe Schwestern und Brüder! – entspringt der aufmerksamen Prüfung, auf welche Weise die durch das Lehramt der Kirche verkündete, sittliche Norm in gegebener Situation anzuwenden ist. Die darauf gerichtete Aufmerksamkeit ist darum Teil der Klugheit. Diese kann als oberste unter den praktischen Tugenden unsere Gewissensentscheidungen nur lei-

ten, wenn wir in der notwendigen Aufmerksamkeit auf die Erfordernisse der Situation nicht nach-
lassen. Fehlende Aufmerksamkeit da, wo sie erforderlich wäre, ist darum eine Sünde gegen die
Klugheit. Darum muß auch das kindliche Gewissen in einer ihm gemäßen Weise schon dazu her-
angebildet werden, es an der Aufmerksamkeit, die
ihm schon möglich ist, nie fehlen zu lassen. Ich
zögere nicht, dies einen integralen Bestandteil der
christlichen Erziehung zu nennen, zu der sich
Eltern bei der Trauung und die Paten bei der Taufe
verpflichtet haben. Wie sollen wir sonst hoffen
dürfen, einstmals erwachsene Christinnen und
Christen zu haben, die mit der heute in Kirche
und Welt so notwendigen Tugend der christlichen
Klugheit ausgerüstet sind?

Die Folgen ihrer Unaufmerksamkeit hatte Rotkäppchen zunächst selbst zu tragen. Zwar müssen
wir uns vor dem allzu eilfertigen Fehlschluß hü-
ten, Gott selbst habe unverzüglich Rotkäppchens
Versagen gestraft. Welch ein Bild von unserem
Gott, der doch ein Gott der Liebe ist (vgl. 1 Joh
4,16), wenn wir annehmen müßten, er habe Rotkäppchens kindliche Unklugheit und Unerfahrenheit gleich mit dem Tode bestraft! Und vor allem:
Wofür hätte er denn auch die Großmutter bestra-
fen sollen? Nein, gerade hier beginnt überdeutlich
jene, so möchte ich es einmal formulieren, über-
natürliche Bedeutung des Ereignisses, durch die es
zu jenem Glaubenszeugnis, ja zu jenem großarti-

gen „Erweis des Geistes und der Kraft" (1 Kor 2,4)
wird, von dem ich eingangs sprach. Denn eben
darin kommen Rotkäppchens Glaubenszeugnis
und Gottes Antwort zusammen. Dies will unser
dritter Kernsatz zusammenfassen:

### 3. Liebe ist stärker als der Tod

Daß Rotkäppchens verzeihliches, ja unvermeidli-
ches Versagen zunächst mit dem Übergriff des un-
ersättlichen Wolfes endete – zuerst gegenüber der
Großmutter, sodann gegenüber der Enkelin –, ist
so unbegreiflich, daß der Unglaube hier vor lauter
unlösbaren Rätseln steht. Doch wer an Gott
glaubt, wird gleichsam auf den ersten Blick erwarten, daß auch hier entsprechend gilt, was der Herr
im Johannesevangelium mit den Worten aus-
drückt: „Es sollen die Werke Gottes offenbar werden an ihm" (Joh 9,3). Nicht als ob Rotkäppchens
Liebe, sofern sie eine *menschliche* Tat ist, den Tod
überwindet! Aber es sollte „offenbar" werden, wie
*Gott* sich an denen, die selbstlos lieben, als rettende Liebe erweist und darin uns zeigt, daß auch
unsere menschliche Liebe selbst noch in ihrem
Versagen immer schon getragen ist von der alles
durchherrschenden Liebe Gottes.
Und noch eines wird uns in diesen Ereignissen
zum Nachdenken aufgegeben: Gott handelt in seinem Werk der Rettung nicht ohne uns Menschen.

Es bedurfte des Jägers, damit die Rettung aus dem schon unabwendbar scheinenden Tode geschehen konnte. Wie unser Herr Jesus Christus von Gott dem Blindgeborenen über den Weg geschickt wurde, damit, wie wir hörten, „die Werke Gottes an ihm offenbar werden" sollten, so schickte er der bedrängten Großmutter und dem wehrlosen Kind den Jäger über den Weg. So ist es Gottes weise Anordnung: In der Nachfolge Jesu sollen wir Menschen anderen Menschen in Gottes Namen zu Hilfe eilen. Und noch eines: Nicht von ungefähr wird der *Jäger* zum Retter, nicht irgendein beliebiger Mensch! Was will ich damit sagen? Es bedurfte des *sach- und fachkundigen* Helfers – guter Wille allein reichte hier nicht. Unsere Bereitschaft zur Hilfe bedarf der Sachkunde – bedarf, um noch einmal daran zu erinnern, der Klugheit und Aufmerksamkeit, nicht nur des guten Gefühls.

Beides, die rettende Hilfe und die Klugheit, die sie erst wirksam macht, ist – und mit diesem Gedanken möchte ich diese Besinnung zur österlichen Bußzeit schließen – auch von einer weitreichenden ökumenischen Tragweite. Wie Sie wissen, hat unser Heiliger Vater in seiner Ökumene-Enzyklika *Ut unum sint* („Auf daß sie eins seien") von 1995 den Fortschritt der ökumenischen Beziehungen zu unseren nicht-katholischen Schwesterkirchen an die Spitze seiner Anliegen gestellt, nicht zuletzt im Hinblick auf das kommende Heilige Jahr 2000.

106

Das Glaubenszeugnis und die Lehre aus den Ereignissen um Rotkäppchen zeigen nun eine ganz einzigartige Konvergenz, eine Übereinstimmung zwischen der Lehre unserer katholischen Kirche und der Lehre unserer evangelischen Schwesterkirchen. Martin Luther, dessen 450. Todestages im Jahre 1996 auch die katholische Kirche mit tiefem Respekt gedacht hat, war zutiefst davon durchdrungen, daß der reine Glaube sich immer im guten Werk erweisen, ja, wie er wörtlich gesagt hat, in ihm „Fleisch annehmen" muß. Ebenso hat er immer wieder den Satz gewagt, daß wir im guten Werk unserem Nächsten „ein anderer Christus werden". Und schließlich hat Luther darauf gedrungen, daß unsere guten Werke *wirklich* gute Werke sein müssen, also solche, die dem Nächsten wirklich dienen und helfen – was wiederum Sachkenntnis und Aufmerksamkeit voraussetzt. Nicht zuletzt durch die Arbeit katholischer Lutherforscher sind diese Zusammenhänge in den letzten Jahrzehnten herausgearbeitet und unterstrichen worden. Dadurch wurde ein ganz unsinniger Vorwurf, den man in der katholischen Kirche lange Zeit gegen die evangelische Lehre erhoben hatte, endlich gegenstandslos gemacht, der Vorwurf nämlich, die evangelische Lehre vom reinen Glauben begünstige die sittliche Gleichgültigkeit.

Wenn ich also eingangs davon sprach, daß die Ereignisse um Rotkäppchen eine Gabe des Heiligen Geistes an die Kirche sind, so muß und darf ich dies nun ergänzen: Es ist ein Geschenk an die Ökumene. Wir alle sind in dieser österlichen Bußzeit aufgerufen, im Geiste dieses Geschenkes uns um die neue Gemeinschaft unter den getrennten Kirchen zu bemühen und unablässig daran weiterzuarbeiten, daß im Lichte des Handelns Gottes an Rotkäppchen und seiner Großmutter auch die verbleibenden Gegensätze zwischen den Kirchen überwunden werden.

Dazu gebe uns Gott seinen Segen. Und zum Zeichen dieser Hoffnung wünsche ich Ihnen allen eine gesegnete österliche Festzeit und erteile Ihnen meinen bischöflichen Segen.

† *Clemens*
Bischof von Weiterstadt

# Rotkäppchen –
## wissenschaftlich überhaupt

Es war einmal[1] eine kleine süße Dirne, die hatte
jedermann lieb, der sie nur ansah, am allerliebsten
aber ihre Großmutter, die wußte gar nicht, was sie
alles dem Kinde geben sollte.[2] Einmal schenkte sie
ihm ein Käppchen von rotem Sammet, und weil
ihm das so wohl stand, und es nichts anders mehr
tragen wollte, hieß es nur das Rotkäppchen.[3] Eines

---

[1] „Es war einmal" ist die typische Eingangsformel des
deutschen Hausmärchens. – Die folgende Textfassung ist
die der „Kinder- und Hausmärchen" von Jakob und Wil-
helm Grimm nach der ersten Ausgabe von 1812–1816,
ausgewählt und mit einer Einführung versehen von Karl
Rauch (Märchen europäischer Völker Bd. IV), Hamburg–Gütersloh–Stuttgart–Wien–Darmstadt o. J.

[2] Den der patriarchalen Tradition der Aufklärungszeit
und der Romantik verpflichteten Editoren wohl unbewußt,
ist hier ein versteckter Hinweis auf ursprüngliche matriar-
chale Sozialstrukturen auch im germanischen Raum ste-
hengeblieben. Vgl. dazu neuerdings Alexander Mitscher-
leicht, Die mutterlose Gesellschaft, Frankfurt am Main
1974, 1023–1467.

[3] Rotkäppchen ist die hochdeutsche (also Hannoveraner
Dialekt-)Form des Diminutivs von Rotkappe. Das *chen*
entspricht dem Bayerischen *erl*, dem schwäbischen *le*, dem
alemannischen *li*, dem fränkischen *ele*, dem böhmischen

Tages sprach seine Mutter zu ihm: „Komm, Rotkäppchen, da hast du ein Stück Kuchen und eine
Flasche Wein, bring das der Großmutter hinaus;
sie ist krank und schwach und wird sich daran laben.[4] Mach dich auf, bevor es heiß wird und wenn
du hinauskommst, so geh hübsch sittsam und lauf

---

(und österreichischen) *'l,* dem kölnischen *sche,* dem nie-
derländischen *je* und dem norddeutsch-plattdeutschen
*ken.* Die Hauptfigur unseres Märchens heißt also auf
Bayerisch „'s Rotkapperl", auf Schwäbisch „'s Rotkäpple",
auf Alemannisch „'s Rotkäppli", auf Fränkisch „'s Rotkäp-
pele", auf Böhmisch/Österreichisch „'s Rotkäpp'l", auf
Kölsch „et Rotkäppsche", auf Niederländisch „het Root-
kappje" und auf plattdeutsch „dat Rotkäppken". Vgl. zu
den komplizierten linguistischen Zusammenhängen das
Standardwerk von Horst Axelmann, Das Diminutiv in den
Weltsprachen. Unter besonderer Berücksichtigung des
neutestamentlichen Griechisch und der deutschen Mär-
chensprache, Athen-Hamburg 1988, bes. §§ 17–21. Dort
weitere Spezialliteratur.

[4] Der naive Hinweis auf Kuchen und Wein als Medizin
gegen Krankheit und Schwachheit läßt den vorneuzeit-
lichen Ursprung der Geschichte erkennen. Da zudem Paulus laut 1 Tim 5,23 seinem Schüler Timotheus empfiehlt,
Wein gegen Magenerkrankungen zu trinken, ist in der
integren christlichen Gesellschaft das Vertrauen auf diese
Weisung ebenso selbstverständlich wie die Gewißheit der
Schöpfung in sieben Tagen. Von sinnvoller Zweckrationalität modernen Zuschnitts zeugt die Ideenwelt der Mutter
selbstverständlich nicht. Vgl. dazu Klaus-Gabriel Kodaillé,
Lust und Last der Zweckrationalität. Eine Untersuchung
im Anschluß an Sören Kierkegaard, Hamburg–Hofgeismar
1991.

nicht vom Weg ab: sonst fällst du und zerbrichst das Glas, und die Großmutter hat nichts. Und wenn du in ihre Stube kommst, so vergiß nicht, guten Morgen zu sagen, und guck nicht erst in alle Ecken herum."[5]
„Ich will schon alles gut machen", sagte Rotkäppchen zur Mutter und gab ihr die Hand darauf.[6] Die Großmutter aber wohnte draußen im Wald, eine halbe Stunde vom Dorf. Wie nun Rotkäppchen in den Wald kam, begegnete ihm der Wolf.[7] Rotkäppchen aber wußte nicht, was das für ein böses Tier war, und fürchtete sich nicht vor ihm.[8]

---

[5] An dieser Stelle ist die repressive Struktur der (mutmaßlich) spätmittelalterlichen Familie und ihre zerstörerische, Angst erzeugende, Vertrauen verhindernde Wirkung auf die kindliche Psyche unübersehbar. Vgl. dazu die analytisch und therapeutisch gleich geniale Interpretation von Edmund Dräuermann, Das unbekannte Rotkäppchen. Psychogramm einer Kindertragödie, Paderborn 1992 – eine Untersuchung, die bereits weltweite Diskussionen ausgelöst hat.

[6] Der hanseatische Gestus des bekräftigenden Handschlags darf nicht zu voreiligen Schlüssen auf den „Sitz ihm Leben" der Geschichte verleiten. Zuviele Indizien sprechen gegen einen norddeutschen Ursprung der Geschichte. Vgl. dazu weiter oben die erleuchteten Darlegungen des Kirchenhistorikers.

[7] Vgl. auch dazu Dräuermann, a.a.O. 280–364 (Das Wolf-Symbol – Archetyp des angsterzeugten und angsterzeugenden Über-Ich).

[8] Es ist in der Forschung heftig umstritten, ob hier, mit der älteren Auffassung, an Paul Tillichs „träumende Un-

111

„Guten Tag Rotkäppchen", sprach er. „Schönen Dank, Wolf." – „Wo hinaus so früh, Rotkäppchen?"[9] – „Zur Großmutter." – „Was trägst du unter der Schürze?" – „Kuchen und Wein: gestern haben wir gebacken; da soll sich die kranke und schwache Großmutter etwas zu gut tun und sich

schuld" zu denken ist, oder, mit jüngeren interdisziplinären Untersuchungen, an das ferne Echo eines holistischen Weltbildes und der Harmonie des Menschen mit seinen „älteren Geschwistern", den Tieren. Die jüngere These besteht auf der Grundeinsicht: Wie die Menschen, so die Tiere. M. a. W.: Der Wolf ist nur „ein böses Tier", weil die Menschen ihn für ein solches halten, ihn dadurch zu einem solchen machen und dann entsprechend reagieren – *vermeintlich* „re"-agieren, müßte man präzisieren, denn in Wahrheit ernten sie nur, was sie gesät haben. Es ist selbstverständlich an dieser Stelle unmöglich, diese lebhafte Debatte entscheiden zu wollen.

[9] Man beachte den signifikanten Hinweis auf die Tageszeit – von der bisher nicht die Rede war! Da die Großmutter nur eine halbe Stunde vom Dorf entfernt wohnt, steht die Wissenschaft vor dem Problem, ob anzunehmen sei, daß – da ja Rotkäppchen die Großmutter „laben" soll – die Großmutter schon am frühen Vormittag Wein zu sich zu nehmen gewohnt war, was nur durch Alkoholismus zu erklären wäre, oder ob sich hier verschiedene Schichten redaktioneller Bearbeitungen anzeigen. Angesichts der pädagogischen Absicht des Märchens ist das letztere anzunehmen, da ein pädagogisch engagierter Erzähler kaum die ansonsten Vertrauen erweckende Gestalt der Großmutter als Alkoholikerin dargestellt hätte. Völlig im Dunkeln bleibt dann aber die Intention der pädagogisch so unsensiblen späteren Bearbeiter!

damit stärken."[10] – „Rotkäppchen, wo wohnt
deine Großmutter?" – „Noch eine gute Viertel-
stunde weiter im Wald, unter den drei großen
Eichbäumen, da steht ihr Haus, unten sind die
Nußhecken, das wirst du ja wissen", sagte Rotkäppchen. Der Wolf dachte bei sich: „Das junge,
zarte Ding, das ist ein fetter Bissen, der wird noch
besser schmecken als die Alte: du mußt es listig
anfangen, damit du beide erschnappst." Da ging er
ein Weilchen neben Rotkäppchen her; dann
sprach er: „Rotkäppchen, sieh einmal die schönen
Blumen, die rings umherstehen, warum guckst du
dich nicht um? Ich glaube, du hörst gar nicht, wie
die Vögelein so lieblich singen? Du gehst ja für
dich hin, als wenn du zur Schule gingst, und ist so
lustig haussen in dem Wald."[11] Rotkäppchen

---

10 Vgl. die Hinweise in Anm. 4!

11 Der ganze, mit dem Vorwurf des Wolfes abschließende
Dialog ist ein typisches Märchenelement, für das die sogenannte „märchengeschichtliche Schule" der Märchenfor-
schung – die natürliche Gegnerin des durch Edmund
Dräuermann repräsentierten psychoanalytischen Ansatzes –
den Begriff der „virtuellen projektiven Transformationsextrapolation" geprägt hat. „Virtuell", weil der Dialog zu
seiner eigenen Zeit nur der Möglichkeit nach abläuft und
erst später durch die erinnernde Erzählung verbale Gestalt
bekommt; „projektiv", weil er innere Gefühle und Ängste
als äußeres Geschehen imaginiert und dieses für Realität
nimmt; „Transformation", weil der Dialog ursprünglich
der Dimension der Empfindung zugehört und erst sekun-
där in Worte und Begriffe transformiert wird, und „Extra-

schlug die Augen auf, und als es sah, wie die Sonnenstrahlen durch die Bäume hin und her tanzten,
und alles voll schöner Blumen stand, dachte es:
„Wenn ich der Großmutter einen frischen Strauß
mitbringe, der wird ihr auch Freude machen; es ist
so früh am Tag, daß ich doch zu rechter Zeit ankomme"[12], lief vom Wege ab in den Wald hinein
und suchte Blumen. Und wenn es eine gebrochen

---

polation", weil die innere Realität im Medium der transformativen Projektion nun tatsächlich eine Quasi-Außenrealität wird, die ihrerseits handlungsleitend auf das innere
Geschehen zurückwirkt – wie ja der Fortgang der Geschichte beweist. Im Licht dieses Begriffs lassen sich
durch genaue Beobachtungen am Text (der Eifer der Informationshäufung zur Selbstbeschwichtigung, am Ende
das unterstellte gemeinsame Wissen mit dem Wolf usw.)
die ursprünglichen Gefühle und Ängste auf seiten von
Rotkäppchen rekonstruieren. Vgl. dazu umfassend Fulko
Steven Sky, Projective Reality. A Key Notion to the Analysis of Fairy-Tales, London–New York–Disney Land 1985.
[12] Im Unterschied zum vorangehenden „Dialog" handelte
es sich bei diesem „Gedanken" Rotkäppchens um einen
normalen „inneren Monolog" – „normal" deshalb, weil er
in manchen Gleichnissen Jesu ebenso begegnet wie im
klassischen deutschen Drama. Er scheint geradezu ein Stilelement der europäischen Kultur zu sein, das auf deren Introvertiertheit und Selbstbezogenheit hinweist. Vgl. Francois Vougénot, Le monologue interne depuis les paraboles
des Jésus jusqu'au drame classique allemand. Une étude
diachrone socio-psychologique de la culture Européenne,
Paris–Lausanne 1984.

hatte, meinte es, weiter hinaus stände eine schönere, und lief darnach und geriet immer tiefer in den Wald hinein.[13] Der Wolf aber ging geradeswegs nach dem Haus der Großmutter und klopfte an die Türe. „Wer ist draußen?" – „Rotkäppchen, das bringt Kuchen und Wein, mach auf." – „Drück nur auf die Klinke", rief die Großmutter, „ich bin zu schwach und kann nicht aufstehen."[14] Der

---

[13] Zu beachten ist hier – wie auch schon in der missionswissenschaftlichen Fassung der Rotkäppchen-Geschichte zum Ausdruck kam –, daß die Blumen, trotz ihrer poetischen Beschreibung, nicht so sehr als Zimmerschmuck, sondern vor allem als Heilkräuter „Freude machten". Das könnte die gewisse Redundanz von Rotkäppchens Bemühungen um immer mehr Blumen erklären, denn in den damaligen Zeiten vorwissenschaftlicher Pharmazie mußte Quantität die Qualität ersetzen.

[14] Es könnte so scheinen, als ob wir im Dialog Großmutter–Wolf einem erneuten Beispiel der in Anm. 11 erläuterten virtuellen projektiven Transformationsextrapolation gegenüberstehen. Doch dem ist nicht so, und zwar aus zwei Gründen: Einmal sieht die Großmutter den Wolf ja nicht, kann also auch keine Ängste hegen und sie projektiv-verbalisierend verarbeiten. Zum anderen ist die Wirkung des Dialogs, anders als bei Rotkäppchen, nicht eine im Inneren verbleibende psychische Bewegung, die zusammen mit ihrem Anlaß Gegenstand der projektiven Verbalisierung wäre, sondern ein Ereignis in der physischen Außenwelt: Die Tür springt auf – wie sogleich deutlich wird. Wir haben es hier also mit einer in ihrem ursprünglichen Vorgang nicht mehr rekonstruierbaren, aber realen non-verbalen Kommunikation und ihrem performativen

Wolf drückte auf die Klinke, die Türe sprang auf, und er ging, ohne ein Wort zu sprechen, gerade zum Bett der Großmutter und verschluckte sie.[15] Dann tat er ihre Kleider an, setzte ihre Haube auf, legte sich in ihr Bett und zog die Vorhänge vor.[16]

---

Gehalt zu tun – die Verbalisierung stammt von einem Außenstehenden, vermutlich dem später auftretenden Jäger, nicht vom Subjekt des Geschehens. Die Forschung spricht daher in diesem Fall von einer realen non-verbal-performativen Dialogpotentialität; vgl. Sky, a. a. O. 547–761.

[15] „Ohne ein Wort zu sprechen" – auch unter der märchenhaften literarischen Ausgestaltung verrät sich wie in einem unwillkürlichen Reflex die Realität, daß Tiere natürlich dadurch vom *homo sapiens sapiens* wesentlich unterschieden sind, daß sie der Sprachfähigkeit ermangeln. Im übrigen ist der Bericht nach Abzug einiger märchengemäßer Überhöhungen durchaus glaubhaft, wenn man veranschlagt, daß ausweislich der Gräberfunde die körperliche Akzeleration noch nicht eingesetzt hatte, die Menschen mithin klein waren, die kranke Großmutter zudem als schmächtige Person zu denken ist, während die Tiere die evolutionsgeschichtliche Reduktion ihres Körperwuchses – man denke zum Vergleich an die Reduktion des Dinosauriers zur Eidechse – noch vor sich hatten. Ein damaliger Riesenwolf konnte also durchaus einen schmächtigen alten Menschen zuzüglich eines kleinen Kindes „verschlingen".

[16] Sind die Überlegungen in Anm. 15 stichhaltig, dann kann der Fortgang des Textes nur als literarische Stilisierung gewertet werden. Die Kleider der Großmutter können dem Wolf nicht gepaßt haben, und dieser nicht in deren Bett. Vermutlich verwickelte sich der unpäßliche Wolf hoffnungslos in den Stoffarrangements des großmütter-

Rotkäppchen aber war nach den Blumen herumge-
laufen, und als es so viel zusammen hatte, daß es
keine mehr tragen konnte, fiel ihr die Großmutter
wieder ein, und es machte sich auf den Weg zu
ihr.

Es wunderte sich, daß die Türe aufstand, und wie
es in die Stube trat, so kam es ihm so seltsam
darin vor[17], daß es dachte: „Ei[18], du mein Gott,
wie ängstlich wird mir's heute zu Mut, und ich
bin sonst so gerne bei der Großmutter!" – Es rief:
„Guten Morgen", bekam aber keine Antwort. Es
ging zum Bett, zog die Vorhänge zurück: Da lag
die Großmutter und hatte die Haube tief ins
Gesicht gesetzt und sah so wunderlich aus.[19]

---

lichen Schlafzimmers – was die spätere Verwunderung
Rotkäppchens zusätzlich erklären würde.

[17] Aha! Vgl. Anm. 16.

[18] Älterer deutscher Ausruf des Erstaunens, auch des Spot-
tes und der Mahnung (was aber hier ausscheidet). Nicht zu
verwechseln mit dem französischen „Ai" = Ausruf des
spontanen Schmerzes (deutsch: „Au!"). „Ei" ist in diesem
Sinne synonym mit dem ebenfalls älteren „O", englisch/
amerikanisch „Oh", altgriechisch „idoú", lateinisch „ecce!",
italienisch „ecco!", indianisch „Howgh!", neu-studenten-
deutsch „Super!" im Sinne von „Affengeil!"

[19] Zu beachten ist, daß Rotkäppchen den Wolf nur in-
stinktiv ahnt, aber nicht rational erkennt! Das erklärt die
eigenartige Spannung zwischen deutlichem, nämlich sehr
reale Angst erzeugendem Gefühl und blindem, die Realität
abwehrendem Verstand – in der Nebenabsicht des Er-
zählers zweifellos ein Symbol der ewigen *conditio humana*

„Ei[20], Großmutter, was[21] hast du für große Oh-
ren!" – „Daß[22] ich dich besser hören kann." – „Ei,
Großmutter, was hast du für große Augen!" –
„Daß ich dich besser sehen kann." – „Ei,
Großmutter, was hast du für große Hände!" –
„Daß ich dich besser packen kann." – „Aber
Großmutter, was hast du für ein entsetzlich großes
Maul!" – „Daß ich dich besser fressen kann."[23]

---

(etwa: Wesensbefindlichkeit des Menschen). Nur Leserinnen und Leser dürfen sich schon „aufgeklärt" fühlen – wie
die Zuschauer eines Kriminalfilms, bei dem diese schon
klüger sind als die Ermittler auf der Leinwand.

[20] Vgl. Anm. 18.

[21] „Was ... für" ist eine altertümliche Variante für „warum ... so" – inzwischen auch umgangssprachlich einge-
bürgert.

[22] In Kombination mit „was ... für" eine immer noch
grammatisch falsche Formulierung für „damit". Grammatisch korrekt, nämlich im Sinne eines Konsekutiv-Satzes,
nur in Verbindung mit „warum ... so".

[23] Für den neuerlichen Dialog zwischen Rotkäppchen und
dem Wolf gelten im Prinzip die Erläuterungen in Anm. 11.
Freilich mit zwei gewichtigen Unterschieden. Erstens: Rotkäppchens Fragen sind, dem Erzählduktus zufolge, echte –
und begreifliche, vgl. Anm. 16! – Fragen, nur die Antworten des Wolfs sind „projective reality" (Sky). Zweitens: Die
Abfolge der Fragen und Antworten anhand der Organaus-
stattung des menschlichen Subjektes mit der auch in der
Formulierung sich anzeigenden dramatischen Zuspitzung
bei der letzten Frage soll offenbar nicht nur Rotkäppchens
Projektionen verbalisieren, sondern zugleich die sich stei-
gernden Triebansprüche des Wolfs repräsentieren, sozu-

Kaum hatte der Wolf das gesagt, so tat er einen Satz aus dem Bette und verschlang[24] das arme Rotkäppchen.

Wie[25] der Wolf sein Gelüsten gestillt hatte, legte er sich wieder ins Bett, schlief ein und fing an, überlaut zu schnarchen.[26] Der Jäger[27] ging eben

sagen seine non-verbalen Projektionen im Medium von Rotkäppchen transformierender Extrapolation. Es kommen also in geglückter literarischer Steigerung Rotkäppchens virtuelle projektive Transformationsextrapolation, seine inneren Monologe sowie die non-verbalen, aber mittels menschlicher Intervention transformablen Projektionen des Wolfs zusammen. Die Forschung hat für diese Synthese den Begriff der „rationalen symbiotischen Repräsentation" geprägt. Womit u. a. dies bewiesen ist, daß Projektionen keineswegs der Realität und Realität setzende Potentialität entraten müssen – wie der Fortgang der Berichtes sogleich ausweist.

[24] Vgl. Anm. 15.

[25] Kinder-Umgangsdeutsch im Sinne von „als". Allerdings nicht ohne beträchtliche Legitimationsbasis im lateinischen „ubi" = sobald als. Weshalb bei diesem Gebrauch von „wie" an humanistischen Gymnasien von einer Verunsicherung der SchülerInnen abzuraten ist!

[26] Die beiden letzten Sätze bilden den tragischen Höhepunkt der Geschichte, dem nach den Regeln des klassischen Dramas die Wende zum Guten folgen muß – hier eingeleitet durch das „satirische Moment": dem Schnarchen des Wolfes, das zugleich den Fortgang de Handlung inauguriert.

[27] Warum nicht, *ein* Jäger? Wir müssen aus dieser Nuance schließen, daß es damals schon die Vorform des heutigen beamteten Försters mit Jagdmonopol gab.

an dem Haus vorbei und dachte: „Wie die alte Frau schnarcht, du mußt doch sehen, ob ihr etwas fehlt." Da trat er in die Stube, und wie er vor das Bette kam, so sah er, daß der Wolf darin lag. „Finde ich dich hier, du alter Sünder", sagte er, „ich habe dich lange gesucht."[28] Nun wollte er seine Büchse anlegen, da fiel ihm ein, der Wolf könnte die Großmutter gefressen haben und sie wäre noch zu retten: schoß nicht, sondern nahm eine Schere und fing an, dem schlafenden Wolf den Bauch aufzuschneiden.[29] Wie er ein paar Schnitte getan hatte, da sah er das rote Käppchen leuchten, und noch ein paar Schnitte, da sprang das Mädchen heraus und rief: „Ach, wie war ich erschrocken, wie war's so dunkel in dem Wolf seinem Leib!"[30] Und dann kam die alte Großmut-

---

[28] In diesem Satz ist die ganze Katastrophe der interanimalischen Relation zwischen Mensch und Wolf zusammengedrängt. Diese Katastrophe ist mit sicherem methodischen Zugriff aufgearbeitet bei Hermann Piscator, Der Wolf – dein Freund und Begleiter. Geschichte einer Katastrophe unter besonderer Berücksichtigung der Theologie Friedrich Schleiermachers, 2 Bde. Kiel–Hamburg–Heidepark 1981/86. Vgl. auch die Erhebungen des Kirchenhistorikers im Beitrag: *Rotkäppchen – kirchengeschichtlich.*

[29] Die Bemerkung erweist nicht nur die Geistesgegenwart, sondern auch die hohe handwerkliche Kompetenz des Jägers. Denn hätte nicht schon der erste Schnitt den Wolf getötet, die Folgen für den Fortgang der Ereignisse wären unabsehbar gewesen!

[30] Wie man sieht, hat Rotkäppchen die Projektions- und

ter auch noch lebendig heraus und konnte kaum atmen.[31] Rotkäppchen aber holte geschwind große Steine, damit füllten sie dem Wolf den Leib, und wie er aufwachte, wollte er fortspringen, aber die Steine waren so schwer, daß er gleich niedersank und sich totfiel.[32]

Da waren alle drei vergnügt[33]; der Jäger zog dem Wolf den Pelz ab und ging damit heim, die

---

Extrapolationsvorgänge immer noch nicht durchschaut: Es mißversteht den Aufenthalt im Bauch des Raubtiers als ein Beleuchtungsproblem.

[31] Die Lebenserfahrung der Großmutter und ihre Vertrautheit mit den Gefahren des Waldes duldete keine Illusionen: Sie begriff das wahre Problem, nämlich die nur begrenzten Ressourcen an Atemluft! Nachvollziehen kann das unschwer, wer einmal in einem verschlossenen Lift stecken geblieben ist! Zugleich belegt die Bemerkung den engen zeitlichen Rahmen des Geschehens. Der Wolf muß wirklich *sofort* ins Scharchen verfallen sein, und der Jäger muß, von freundlicher Fortuna geführt, *sofort* beim Haus der Großmutter aufgetaucht sein. Was wiederum a posteriori das Übermaß des wölfischen Triebanspruchs ausweist.

[32] Offenbar ein literarischer Pleonasmus zur dramaturgischen Absicherung des guten Ausgangs der Geschichte! Denn wie wir zwingend in Anm. 29 gezeigt haben, muß der Wolf schon tot gewesen sein. Auf die logische Inkonsistenz weist auch der Umstand, daß der Wolf erst gar nicht springen, demnach also *nicht* sich „totfallen", sondern eben nur „niedersinken" konnte – was eine Todesfolge schwer verständlich macht.

[33] Die Wortwahl „vergnügt" beschwört eine alte Kostbarkeit der deutschen Sprache. „Vergnügt" sein heißt „genug",

Großmutter aß den Kuchen und trank den Wein, den Rotkäppchen gebracht hatte, und erholte sich wieder, Rotkäppchen aber dachte: ‚Du willst dein Lebtag nicht wieder allein vom Wege ab in den Wald laufen, wenn dir's die Mutter verboten hat.'[34]

---

sein „Genügen" haben im Sinne erlangter Sinntotalität des Lebens, um mich mit den Worten des Kollegen von der Systematischen Theologie auszudrücken. Gemeint ist also das genaue Gegenteil von „Vergnügen" = Zerstreuung und Amusement. Noch die Sprache der Barockzeit hütete den kostbaren Schatz dieses Wortes. Man denke an Johann Sebastian Bachs Kantate „Ich habe genug!" Die Formulierung der Rotkäppchen-Geschichte bringt uns hier in dramatischer Weise das Phänomen des Sprachverfalls zu Bewußtsein. Im gefüllten Sinne kommt das Wort „genug" nur noch in theologischen Sprachspielen vor, wenn von der „Genugsamkeit" der Schrift die Rede ist – und auch dafür steht mehrheitlich schon das Fachwort „Suffizienz".

[34] Rotkäppchen hat später diese vom Erzähler insinuierte Schlußfolgerung indirekt bestätigt: Sie bekam gar keine Gelegenheit mehr, ihre Standhaftigkeit hinsichtlich ihres guten Vorsatzes auf die Probe zu stellen. Vgl. dazu ihren Bericht in: *Epilog im Himmel.*

*Epilog im Himmel:*

*Ein Gespräch zwischen Rotkäppchen
und den Aposteln Petrus und Paulus,
zu dem sich am Ende auch
Jesus Christus einfindet*

**Ort:** Im Himmel. Ein behaglich, aber nicht protzig eingerichteter Raum für gute Gespräche und unerläßliche Schreibarbeiten, mit einer Sitzecke rechts und einem Schreibtisch links vor einer Fensterfront zur Erde hin. Im Hintergrund eine Flügeltür.

**Zeit:** Ewigkeit, aber im Modus der Ewigkeit synchron zum Jahre 1523 (vgl. oben: *Rotkäppchen – kirchengeschichtlich*).

**Petrus** *(sitzt am Schreibtisch über einigen Akten und schaut zuweilen träumerisch auf die Erde).*

**Paulus** *(tritt durch die Tür ein):* Guten Morgen, Bruder Altapostel!

**Petrus** *(wendet sich ohne Hast im Sessel um):* Du hast wieder einmal deine Dogmatik vergessen,

Bruder Völkerapostel! In unserer Ewigkeit gibt es keinen Morgen und keinen Abend!

**Paulus:** Schon gut! Dann eben: Gutes ewiges Jetzt! Jedenfalls: Alles Gute! Genehmigt?

**Petrus** *(leicht brummig):* Bitte etwas mehr dogmatischen Ernst! Aber lassen wir das – bei dir ist in dieser Hinsicht alle Liebesmüh vergebens. – Was ist Sache?

**Paulus:** Wir bekommen Zuwachs.

**Petrus:** Von deinen Leuten?

**Paulus:** Anachronistischer Unsinn! Schau auf die Erde! Dort ist es 1523. Es ist eine Katholikin!

**Petrus:** Jetzt sage ich: Keine anachronistischen Anzüglichkeiten! Meine Leute haben unter meinen Nachfolgern genug zu leiden – Pardon! unter denen, die sich als meine Nachfolger verstehen! Also wer ist es?

**Paulus:** Eine Dame, bei der sich die Leute nicht abgewöhnen konnten, sie lebenslang mit dem eingebürgerten Namen zu nennen, den sie als junges Mädchen trug: „Rotkäppchen".

**Petrus:** Alter?

**Paulus:** Nach irdischer Zählung 63 Jahre. Nach unserer 63 Promille eines Tages, wie ich ja dem beflissenen Dogmatiker nicht lange unter Hinweis auf Ps 90, 4 zu erläutern brauche. *(Augenzwinkernd)* Wir sind uns ja wohl gegen Dr. Martin Luther ausnahmsweise einig, daß er nicht „ein Gebet Moses" ist, oder?

**Petrus** *(leicht zerstreut):* Ach ja, der gute Dr. Martinus, Gott hab' ihn ... *(plötzlich sehr bestimmt)* Ist der eigentlich hier?

**Paulus:** Ja natürlich! Das heißt: nach irdischer Zählung noch nicht – aber das macht ja bei uns nichts aus! Sei jedenfalls unbesorgt, er wartet, bis du so weit bist, ehe er sich dir vorstellt. Auch die Ewigkeit hat notfalls ihren Kairos! Aber zurück zu unserer Dame ...

**Petrus:** ... ich will sie sehen!

**Paulus:** Gnädige Frau ...!

**Rotkäppchen** *(tritt ein):* Ehre sei dem Vater und ...

**Petrus** *(unterbricht):* Hier ist jeder Atemzug ein Lobpreis Gottes. Du mußt nicht mehr formvollendet einen Ritus ausführen.

**Rotkäppchen** *(erleichtert):* Dank sei Gott! Ich

dachte schon immer: Weiß denn Gott nicht längst, wie wir ihn wirklich loben wollen? *(Nach einer kleinen Pause des Staunens)* Ich hätte nie gedacht, daß es hier so locker zugeht!

**Paulus:** Du wirst hier noch über manches umdenken müssen. Aber ich versichere dir, es wird dir Vergnügen machen, all das abtun zu können, was *(zeigt auf Petrus)* des Bruder Altapostels Kundschaft euch armen Christenmenschen eingeimpft hat.

**Petrus:** Ausnahmsweise hat Bruder Völkerapostel einmal recht. In dem Theologenhimmel, den die sich zurechtgedacht haben und in dem sie mich vermuten – in dem möchte ich nicht sein. Die guten eifrigen Leutchen tun da des Guten zuviel. Sogar den drei-einen Gott selbst haben sie auf den Begriff gebracht – aber das war Geheimwissen der hochgelehrten Theologen, damit haben sie euch verschont, höchsten am Dreifaltigkeitssonntag einmal über eure Köpfe hinweg gepredigt.

**Paulus:** Da waren später meine Leute vorsichtiger. Ich war ja schon immer ein Spezialist fürs Nicht-Wissen und für das Unsagbare. Schon mal meinen ersten Brief an die Korinther, Kapitel 13 gelesen?

**Rotkäppchen:** Hast du auch an die Korinther geschrieben?

**Paulus:** Ja, weißt du das denn nicht?

**Rotkäppchen:** Nein wirklich nicht. Ich habe doch nie lesen gelernt. Und im Gottesdienst haben die Priester doch immer auf lateinisch aus der Bibel vorgelesen. In der Predigt hat der Pfarrer deutsch gesprochen, aber da hat er immer das Evangelium erklärt.

**Paulus:** Jetzt bin ich aber ganz baff. Man lernt selbst im Himmel nie aus! Und ich habe mir solche Mühe mit den Korinthern gemacht. Ja, mehrmals habe ich lange Briefe an die dickköpfigen Korinther geschrieben – zwei oder drei Mal, weiß nicht mehr so genau. Muß mal Rudi Bultmann fragen, der weiß das sicher noch.

**Rotkäppchen** *(leicht verwirrt)*: Was für ein -mann? Also entschuldigt, mir geht das alles zu schnell. Ich wollte doch nur wissen, wieso es hier so locker zugeht.

**Paulus** *(eifrig)*, Also, das hat sehr viel mit Rudi Bultmann – ich meine: mit meinem ersten Korinther ..., verstehst du: Es hat mit der Hermeneutik zu tun.

**Rotkäppchen:** Mit der Her-ni-mi-eutik ...? Was ist das?

**Paulus:** Her-me-neu-tik ist, wenn man eine alte Geschichte versteht und dabei der Horizont der eigenen Erfahrung mit dem der Menschen, die diese Geschichte erlebt haben, verschmilzt – deshalb nennt man das auch „Horizontverschmelzung".

**Rotkäppchen:** Ach so ist das!

**Petrus:** *(mit religionspädagogischem Tonfall):* Bruder Paulus meint, daß die Menschen sich immer ihr eigenes Bild von den Dingen machen und doch alle dasselbe meinen.

**Paulus:** Das hast du aber gut gesagt. Wenn deine Leute es nur auch so einfach sagen könnten!

**Rotkäppchen:** Ich begreife immer noch nicht! Mir haben die Priester gesagt, ich käme auf einen rotgepolsterten Sessel und müßte den ganzen Tag Lobgesänge singen. Nun bin ich hier, und es ist alles ganz anders. Also haben die Priester falsch gepredigt. Kommt das von der Her-ne-mi-eu-tik?

**Petrus:** Rotkäppchen ruft uns zur Sache – das scheint mit gut so.

**Paulus** *(etwas verstimmt)*: Das gute Kind kann es ja nicht besser wissen. Aber wenigstens du solltest etwas von mehrdimensionalem Wahrheitsverständnis begriffen haben.

**Petrus:** Von mir aus fünfdimensional! Aber Hermeneutik hin oder her, ich habe da hier *(wendet sich dem Schreibtisch zu)* die Kopien eines Manuskriptes von einem gewissen Otto Hermann Pesch vor mir – muß wohl irgend so ein Theologe sein, der zuviel Freizeit hat –, der hat einmal in aller Welt und allen Zeiten sich umgehört und ist auf eine Menge Geschichten von Rotkäppchen gestoßen. Die sind so verschieden, daß sie unmöglich alle zugleich wahr sein können. Da wird man doch, zum Donnerwetter, *(hält bestürzt inne und richtet die Augen nach oben)* – Vergebung! – mal fragen dürfen, wie es denn wirklich gewesen ist!

**Paulus:** *Das* ist eben die „hermeneutische Aneignung"! Alle haben die Rotkäppchengeschichte innerhalb ihres eigenen Verstehenshorizontes verarbeitet und neu formuliert. So wie das deine Leute ja auch mit den Dogmen machen – und das dann eine „Relecture" nennen!

**Petrus:** Ich will jetzt aber wissen, wie es wirklich war.

**Paulus:** Na, wenn du so auf bloße Faktenwahrheit versessen bist! Fragen wir Frau Rotkäppchen doch einfach selbst!

**Petrus** *(winkt Rotkäppchen an den Schreibtisch):*

Da, lies mal schnell diese Manuskripte! Jetzt kannst du ja ganz von selbst lesen!

**Rotkäppchen** *(überfliegt die Papiere – und fängt zunehmend an, schallend zu lachen, kann sich am Schluß nicht mehr halten vor Lachen):* Das *(kann vor Lachen nicht weitersprechen)* soll meine *(lacht)* Geschichte sein?

**Petrus** und **Paulus** *(entgeistert, wie aus einem Mund):* Was?

**Petrus:** Gehen wir dorthin *(zeigt auf die Sitzecke)* und machen es uns bequem. Und dann soll Frau Rotkäppchen mal ganz von vorn an erzählen.

**Rotkäppchen** *(wartet respektvoll, bis Petrus und Paulus in ihren bequemen Polstersesseln versunken sind, setzt sich auf den Sessel zwischen ihnen, bleibt aber schüchtern auf dem Rand des Polsters sitzen):* Also, das mit dem Backwerk und dem Wein für die Großmutter, das stimmt schon. Ich habe die Großmutter regelmäßig besucht, da war doch nichts dabei. Einmal aber, an einem besonders schönen Tag, fielen mir die wunderbaren Waldblumen auf. Und da ich noch Zeit hatte, habe ich welche gepflückt. Das haben mir meine Eltern niemals verboten, im Gegenteil, sie haben immer gesagt: Wenn du im Wald noch etwas

Nützliches findest, was der Großmutter Freude macht, dann nimm es mit!

**Petrus:** Dann hat dich also nicht der Wolf verführt?

**Rotkäppchen** *(lacht wieder schallend):* Wolf? Also, davon habe ich gerade zum erstenmal gelesen – und jetzt verstehe ich auch so manches! Das Besondere an jenem Tag war tatsächlich ein Tier, aber es war kein Wolf, sondern ein *Reh (schüttelt sich wieder vor Lachen).* Ein ganz liebes junges Reh! Wir haben uns sofort angefreundet. Und dann ist es mitgegangen zur Großmutter und wich nicht mehr von unserer Seite.

**Paulus** *(wie für sich selbst):* Das muß ich sofort meiner Mitapostolin Junia erzählen – sie wird ihr schönstes feministisches Lächeln aufsetzen!

**Rotkäppchen:** Dann haben allerdings Großmutter und ich etwas ganz Ungehöriges getan – und ich habe ja auch schwer genug dafür büßen müssen. Wir beschlossen, mit dem Reh einige Tage zusammenzubleiben. Acht Tage lebten wir miteinander, dann lief das Reh wieder zu seinem Rudel zurück. Ich verabschiedete mich von der Großmutter – und ahnte nicht, daß ich sie zum letzten Mal gesehen hatte. Denn meine Eltern ließen mich danach nicht mehr zu ihr gehen. Später begriff ich, warum. Sie hatten tatsächlich Todesängste um mich ausgestanden. Auf den Gedanken, ich könnte einfach bei der Großmutter geblieben sein, kamen weder sie noch die besorgten Nachbarn. Sie konnten sich einfach nicht denken, daß ich so eigenmächtig handeln würde. Sie dachten also, mir sei etwas zugestoßen. So muß wohl die Geschichte mit dem Wolf entstanden sein. Eigentlich blöd! Wölfe greifen doch keine Menschen an, solange sie kranke Tiere und Kadaver finden, die es ja genug im Walde gibt.

So blieb ich wieder im Elternhaus und war fortan ein braves, gehorsames Töchterchen. Aber alle machten scheu einen Bogen um mich, wenn ich mich auf der Straße blicken ließ. Die Zeiten wurden nun hart, und meine Eltern wurden sehr arm. Ich war längst im heiratsfähigen Alter, aber niemand wollte mich heiraten. Oder besser: Niemand *durfte* mich heiraten, denn der eine und andere junge Mann war richtig verliebt in mich. Aber die Eltern, die ja damals das letzte Wort hatte, sagten ihnen immer: Die läuft dir genauso weg, wie sie ihren Eltern weggelaufen ist!

So wurde ich 22 Jahre alt, also für unsere Verhältnisse eine „alte Jungfrau". Es muß nach meiner Rechnung das Jahr 1482 gewesen sein. Ich bin dann eine Begine geworden – was blieb mir anderes übrig! Deine Leute, Petrus, hätten mich dafür beinahe verbrannt, denn die meinten immer, wir seien Hexen! Aber es gab eben gottlob auch einige vernünftige Leute, die mich freigekämpft haben.

**Petrus** *(nickt heftig und schaut Paulus bedeutsam an)*

**Rotkäppchen:** Das ist meine ganze Geschichte. In den letzten Jahren, so seit 1518, gab es dann wieder unruhige Zeiten. Ich habe nie so richtig begriffen, warum das so wichtig war. Aber irgendwie fand ich das schon gut, daß die Leute nicht mehr ihre ganzen Ersparnisse für einen Ablaßbrief hergeben mußten. Bin dann friedlich gestorben – und jetzt bin ich hier.

**Petrus** und **Paulus** *schweigen lange. Währenddessen öffnet sich geräuschlos und von den dreien unbemerkt die Flügeltür, und Jesus Christus tritt ein. Als Rotkäppchen, Petrus und Paulus ihn schließlich bemerken, springen sie jäh auf und rufen gleichzeitig:*

**Petrus** und **Paulus** *(wie aus einem Munde):* Meister!

**Rotkäppchen:** Ach, *soo* siehst du aus!

**Jesus** *(hebt abwehrend die Hände):* Eins nach dem anderen! Meine lieben, treuen Jünger und Apostel, fast nehme ich es euch schon übel, nachdem ich

es euch schon sooft erklärt habe! Mein guter
Zeuge Matthäus hat euch eingeimpft, daß ich einmal gesagt habe: „Laßt euch nicht mit ‚Meister'
anreden – denn nur einer ist euer Meister, Christus!" (Mt 23, 10). Leider gab es damals noch nicht
so gute Bibelwissenschaftler wie jetzt. Rudolf
Bultmann – um nur ihn zu nennen! – hat euch
doch darauf aufmerksam gemacht, daß ich hier
keinen Canon für das Kirchenrecht machen, sondern euch ermahnen wollte, nicht die Schriftgelehrten und Pharisäer nachzuahmen. Wie wir
zueinander stehen, solltet ihr lieber meinem
treuen Zeugen Johannes – endlich! – glauben,
wenn er von mir überliefert: „Freunde habe ich
euch genannt. Denn ich habe euch alles mitgeteilt, was ich von meinem Vater gehört habe"
(Joh 15, 15). Das ist mein voller Ernst – wollt ihr
euch also endlich bessern?

**Petrus:** Ja, Freund Mei …

**Paulus** *(fährt dazwischen):* Ja, Freund Jesus!

**Jesus** *(umarmt Rotkäppchen):* Und nun zu dir!
Das sagt fast jede und jeder bei der Ankunft hier:
‚Ach, so siehst du aus!' Es wird dir Spaß machen,
dein Bild von mir zu ändern! Eure großartigen Ma-
ler haben da unfreiwillig für einen regelmäßigen
schönen Überraschungseffekt gesorgt. Deshalb
kann ich ihnen gar nicht böse sein.

**Rotkäppchen** *(scheu):* Muß ich jetzt gleich zur Chorprobe?

**Jesus** *(lacht):* Das haben dir wohl eure Theologen und Prediger beigebracht! Im Unterschied zu den Malern möchte ich denen manchmal wirklich grollen – wenn ich hier dazu noch fähig wäre! Was für blühenden Unsinn haben die euch manchmal erzählt – wo doch eigentlich alles so einfach war und ist! – Nein, zum Chor mußt du nicht, schon gar nicht zur Probe! Hier „muß" überhaupt niemand etwas. Du sollst singen nach Herzenslust, aber nur freiwillig!

**Rotkäppchen:** Gelobt sei Gott! Freiwillig habe ich immer gern gesungen – aber das durfte ich nur selten. Deshalb *(scheu)* habe ich es oft heimlich getan.

**Jesus:** Ich weiß! Ich habe dir immer gern zugesehen, was du auf Erden gemacht hast. Auch und besonders dann, wenn du nach Meinung der Leute über die Stränge geschlagen bist und dich „ungehörig" verhalten hast. Zum Beispiel damals bei der Sache mit der Großmutter, den Blumen und dem Reh! Das war zwar riskant, auch etwas rücksichtslos gegen deine Eltern – aber du bist einem guten Instinkt gefolgt und hast wunderbare Dinge entdeckt, die man als „braves" Mädchen nicht entdeckt – jedenfalls noch nicht in solch jungem Alter.

**Rotkäppchen** *(mit einem hörbaren Seufzer der Erleichterung):* Du bist mir also nicht böse?

**Jesus:** Im Gegenteil. Für den Mut, deinen eigenen Weg zu gehen – nicht nur damals! –, bekommst du einen Ehrenplatz (soweit du nicht singend durch den Himmel spazierst wie damals durch den Wald!).

**Rotkäppchen:** Aber ich bin doch gar nichts Besonderes!

**Jesus:** Gerade darum! Ich war schon immer für die sogenannten „Kleinen".

**Petrus** *(etwas schüchtern, sich des Risikos bewußt):* Aber Freund Jesus, alles, was recht ist … Denkst du auch an die pädagogischen Auswirkungen, wenn das auf Erden bekannt wird?

**Jesus:** Kannst du es immer noch nicht lassen, es besser wissen zu wollen als ich? *(lächelt schalkhaft)* Aber hab' keine Sorge, mein treuer Freund, ich sage nicht noch einmal „Hinweg von mir, Satan!" (Mk 8, 33).

**Petrus** *(zieht den Kopf ein und murmelt fast unhörbar):* Ja, Freund Jesus.

**Jesus** *(zu Rotkäppchen gewandt):* Wie du aus dem

Religionsunterricht weißt, sitze ich – soweit ich sitze – „zur Rechten des Vaters". Der Platz neben mir, auch das weißt du, gebührt meiner lieben Mutter Maria. Die sitzt aber nur sehr selten dort. Meist ist sie im Himmel unterwegs und freut sich mit allen meinen Freundinnen und Freunden, soweit sie sich nicht um meine Getreuen auf der Erde kümmert. Daneben sitzen meine zwölf Apostel – wenn sie nicht anderweitig unterwegs sind so wie Petrus und Paulus jetzt, um dich zu empfangen. Das habe ich ihnen schon damals versprochen (Lk 22, 30). Aber nur, *daß* sie mit mir am Tisch auf Thronen sitzen, nicht aber auf welchen *bestimmten* Plätzen sie sitzen. Daher, denke ich, werden sie gern für dich einen Platz weiterrücken. Die Sitzordnung am Tisch im Reiche Gottes ist also ab sofort die folgende: neben mir Mutter Maria, dann Frau Rotkäppchen, dann Petrus und die anderen Apostel, zuletzt – Ordnung muß sein – Paulus als dreizehnter Apostel. Aber Paulus wird an bestimmten irdischen Feiertagen zwischen Frau Rotkäppchen und Petrus sitzen, an der Spitze aller Apostel, und zwar an allen Sonntagen, weil er so Tiefsinniges über meine Auferweckung von den Toten geschrieben hat, und an den Festtagen der großen Missionare wie zum Beispiel Ansgar, Bonifatius, Korbinian, Kyrillos und Methodius, Franz Xaver und vieler anderer, weil Paulus so rastlos mein Evangelium unter den Völkern gepredigt hat. Petrus aber wird zwischen Mutter Maria und Frau

Rotkäppchen an den Festtagen sitzen, wo die Geschehnisse meines Lebens gefeiert werden, denn er hat als erster und für alle anderen sich zu mir bekannt.

Und nun freut euch unserer neuen Gemeinschaft!

**Petrus, Paulus** und **Rotkäppchen** *schauen sich gegenseitig an und sagen kein Wort. Jesus ist plötzlich weg – so leise wie er gekommen war. Schließlich:*

**Paulus:** Immer wenn ER da war, muß ich erst tief durchatmen. Wie er das alles immer so selbstverständlich hinbekommt ...!

**Petrus:** Also, das habe ich dir voraus, das mit dem „erst tief durchatmen". Das war schon immer so, als wir zusammen mit ihm umherwanderten – wo du *(leiser Triumph in der Stimme)* ja noch nicht dabei warst.

**Paulus** *(leicht brummig)* Schönen Dank, daß du mich so elegant an mein Vorleben erinnerst. Aber ich will auf die Retourkutsche großzügig verzichten.

**Rotkäppchen:** Also, *ich* muß gar nicht tief *durch*atmen. Ich atme *auf*, weil ich mich erst jetzt, wo ich schon im Himmel *bin*, richtig auf den Himmel freuen kann. Ich mag das, wie das hier ist.

**Paulus:** Gnädige Frau, Bruder Altapostel, ich schlage vor, jetzt einmal eine Pause zu machen, eine richtige, schöne Pause in der Art der Ewigkeit – und auf die Erde schauen.

**Petrus:** Du meinst, wir sollten mal ins Erdenjahr 1998 wechseln?

**Paulus:** Genau!

**Rotkäppchen:** Au ja, da bin ich rasend neugierig!

*Alle drei nehmen ihren Sessel aus der Sitzecke, schieben den Schreibtisch an der Fensterfront links etwas zurück, so daß sie die Sessel direkt an das Fenster stellen können. Sie nehmen darauf Platz – auch Rotkäppchen versinkt jetzt im Polster – und schauen auf die Erde hinunter.*

*Was sie sehen, wundert sie über die Maßen. Traurig sein, das können sie nicht mehr – sie wissen, daß Gott am Ende alles wieder zurechtbringen und gut machen wird, was seine Menschenkinder verderben. Sich ärgern – das ist deshalb nicht mehr nötig. Aber sich zu wundern – das ist möglich und angebracht.*

*Und so sitzen Petrus, Paulus und Rotkäppchen noch oft am Fenster und schauen, was in all den irdischen Jahren auf der Erde geschieht. Sie sehen,* was die Menschen meinen, alles tun und zulassen zu müssen und dabei noch denken, Gott einen Dienst zu tun. Die drei himmlischen Zuschauer können sich darüber nur wundern.

Und sie wundern sich noch weiter, solange der schöne blaue Planet um sich selbst kreist und seine Bahn um die Sonne zieht.

# Nachwort
## zur erweiterten 3. Auflage

Zwischen der 2. und der 3. Auflage dieses Büchleins stieß der Märchenerzähler durch die dankenswerte Initiative des Autors auf: Hans Ritz, Die Geschichte vom Rotkäppchen. Ursprünge, Analysen, Parodien eines Märchens, 11., erneut erweiterte Auflage, Kassel, Muriverlag, 1993.

Er staunte über die Maßen, in welch erlauchter Gesellschaft sich seine theologischen Rotkäppchen-Scherze befinden. Vor allem erfuhr er endlich, wer „Rotkäppchen auf Amtsdeutsch" erfunden hat, und konnte nun Ehre geben, wem sie gebührt: Thaddäus Troll (siehe bei Ritz S. 141f). Auch wurde der Text, soweit zitiert, mit dem Original verglichen und gegebenenfalls korrigiert – denn die zirkulierenden anonymen Fassungen haben ihn teilweise erheblich entstellt. Wie aber Thaddäus Troll – in „akademischen Kreisen" und also auch dem Theologieprofessor ein Begriff – so bald und so gründlich im Incognito versinken konnte, mußte zunächst ein Rätsel bleiben. Die historisch-kritische Bibelwissenschaft würde in einem vergleichbaren Falle alle Verfahren „formgeschichtlicher" und „traditionsgeschichtlicher"

Forschung einsetzen, um es zu knacken. Doch inzwischen hat Hans Ritz selbst das Rätsel gelöst: in der 12., abermals erweiterten Auflage seines Buches, Kassel 1997, S. 237–239. Lektüre dringend empfohlen – denn die Geschichte ist eine Real-Satire, die den Vergleich mit dem satirischen Originaltext durchaus besteht!

1. Januar 1998                    *Otto Hermann Pesch*